一遍读懂

《道德经》

张毅 译注

湖南大学出版社·长沙

图书在版编目（CIP）数据

一遍读懂《道德经》/张毅译注 . —长沙：湖南大学出版社，2021. 10

ISBN 978-7-5667-2280-5

Ⅰ.①—… Ⅱ.①张… Ⅲ.①道家 ②《道德经》—注释 ③《道德经》—译文 Ⅳ.①B223. 1

中国版本图书馆 CIP 数据核字（2021）第 163178 号

一遍读懂《道德经》
YI BIAN DUDONG *DAODEJING*

译 注 者：张　毅
责任编辑：王桂贞
印　　装：长沙鸿和印务有限公司
开　　本：880 mm×1230 mm　1/32　印张：9. 25　字数：183 千字
版　　次：2021 年 10 月第 1 版　印次：2021 年 10 月第 1 次印刷
书　　号：ISBN 978-7-5667-2280-5
定　　价：38. 00 元

出 版 人：李文邦
出版发行：湖南大学出版社
社　　址：湖南·长沙·岳麓山　　邮　　编：410082
电　　话：0731-88822559（营销部）,88821594（编辑室）,88821006（出版部）
传　　真：0731-88822264（总编室）
网　　址：http://www. hnupress. com
电子邮箱：wanguia@ 126. com

自序

一遍读懂《道德经》并非虚言

两千多年来，解读《道德经》的人数不胜数，他们从不同角度做出的解读，对于传承《道德经》发挥了十分重要的作用。但是迄今为止，就学术研究而言，把《道德经》解读得非常透彻的不多（宗教方面除外）；从社会普及性来说，也鲜有几家解读能够帮助大众轻松读懂《道德经》。这就是笔者花费十几年写这本书的原因。

本书具有如下特征：

第一，破解了传统解读中的谜团，实现了对《道德经》通关式的解读。例如对很难解读清楚的一、二十二、二十八、四十二、四十八、五十八等章节进行了透彻的解读（详见正文）。特别是开头一章，它是《道德经》最重要的章节，也是最难懂的部分。本书的解读能让读者看后豁然开朗，瞬间体悟到《道德经》的智慧和老子的伟大，油然产生对祖国优秀传统文化的自豪感。

第二，明确了传统解读中含糊不清的地方。例如：十六章中的"归根曰静，是谓复命"，通常的解读为"回归本根叫作静，这叫作复归本性"。如果读者不知道"本根""本性"是什么，就会有似懂非懂的感觉。本书认为，该句的本意是"为了生存根本而活动叫作静，这就是生命反复运行应当遵循的模式"，这是原著对"静"这个重要概念的定义。"公乃王"，一般解读为"公正就能称王"。本书认为其本意是"公正对待客观世界才能用法天则地的王道治理天下"。又如：十三章的"宠辱若惊"，通常的解读是"受宠和受辱如同受到惊吓"。本书认为其本意是"得到尊崇、失去尊崇要如同受到惊扰一样"，强调要把尊崇当成坏事来对待。再如：五十九章的"夫唯啬，是谓早服"，通常的解读为"正是因为爱惜精力，才早做准备"。本书认为其本意是"只有在治理中做到了省心省力，才称得上做到了遵循道的规律办事"。诸如类似的情况还有很多。

第三，纠正了传统解读中欠妥之处，还原了《道德经》本意。例如：五十六章的"知者不言，言者不知"，通常的解读为"知道的人不说，说的人不知道"，其最典型的是白居易《读老子》诗："言者不知知者默，此语吾闻于老君。若道老君是知者，缘何自著五千文？"本书的解读为："懂得按道的规律行事的人不去教化干预别人；教化干预别人的人不懂得按道的规律行事。"又如：二十八章的"大制不割"，通常的解读为"最完美的治理是不伤害万物本性的"。本书的解读为"传承于道的治理机制一脉相承，不会割裂"。又如：七十四章的"恒（常）有司杀者杀"，通常的解读为"永远应该由天地自然去杀人"。本书的解读为"永远设有负责杀人的机构去做杀人的事情"，这样，既强调了统治者不能随意杀人，又提出了以道德为主、以法治为辅的社会治理模式。

第四，语言通俗，便于大众阅读。在译文和注解中，基本使用通俗易懂的词语，尽量少用专业性、学术性词汇，并对原著中的生僻字词添加汉语拼音，让读者能够轻松阅读。

受笔者认识水平、文字功底等所限，相对于原著的博大精深，本书的解读存在浅薄、狭义、单调化的问题，不足之处很多，希望得到读者的批评指正，也期盼有更多更好的解读本问世。

这里笔者要特别指出的是，本书是在学习历代前辈先贤、当代同道的基础上完成的，在此向他们表达诚挚的谢意。

笔者的女儿张程程十几年来一直支持笔者对《道德经》痴迷式的研究，并提出了有建设性的意见；魏明明女士对笔者写作此书也给予了指点。在此，也向她们表示感谢。

谨将此书献给慈爱的父母。

一切功德归于大道，归于老子。

张 毅

2021 年 5 月 12 日

版本及注解说明

一、版本说明

本书采用的《道德经》以王弼本为蓝本，并参考了帛书甲、乙本，楚简本，严遵本，傅奕本，范应元本等诸多古本。

王弼本与新中国成立后出土的帛书甲、乙本，楚简本对比，部分用字有所不同。该本为了避汉高祖刘邦、汉文帝刘恒等人的名讳，对原文用字进行了一些改动。如："邦"改为"国"，"恒"改为"常"，"启"改为"开"，等等。为了准确地理解老子《道德经》原意，本书将其中比较关键的"常"字恢复为原来的"恒"字，并在注解中对还原的地方加以注明。

二、注解说明

1. 在"译文"环节，因为原文极度简洁概括，所以有些地方需要用过渡性的语言对上下文进行连接，对于这部分与原文字面无关的语句，本书将它们放在括号中加以区别。

2. 在"注释"环节，为了保持原文的整体性，不采取在原文编号的方式，而是对需要注释的字、词、句按照它在原文中的先后顺序进行注释。带有下画线的内容，是指专门作出的说明，如妙、徼。

3. 在"延伸解读"环节，对译文和注释进行总结和引申，以起画龙点睛之效。

伟大的老子，伟大的《道德经》

　　《道德经》又名《老子》，是人类历史上第一部系统地阐述世界的起源和运行规律、人类生存和社会治理的思想巨著，也是世界上第一部明确地运用一分为二、合二为一（辩证统一）的方法认识世界、解决社会问题的系统性哲学巨著①。它以凝练的语言、缜密的逻辑，揭示了"道"是产生天地万物的本原和运行天地、养育万物的不竭动力，"德"是天地万物遵从道的规律运行、生存的应有品质；倡导人类在生存上应当适应客观环境、遵循自然规律，在社会治理上应当效法天地大道之精神，实现人类自由、平等、和谐、长久发展。

　　《道德经》对中华文明影响极其深远，其科学的自然观、辩证观，对中华民族的性格养成起了决定性作用。它所代表

---

　　① 《易经》是世界上最早的含有朴素辩证思想的著作，但是没有达到把辩证法作为认识世界的方法的高度。被列宁称为辩证法奠基人的古希腊哲学家赫拉克利特（约前544—前483）持有对立统一的观点，他认为世界的本原是火，事物之间是相对存在的，但其世界观和方法论尚处于萌芽状态，远未达到成熟实用的水平。另外，从他所处的年代看，也比老子略晚。

的道家思想与儒家思想、佛教思想共同构成中国传统思想之内核。在社会治理方面，以道家思想为核心的黄老之道，开创了"文景之治""贞观之治"的盛世。在宗教方面，它促成了中国本土宗教——道教的产生。在修身养性方面，它提倡的尊重生命、敬畏自然、谦和不争，已经成为人们为人处世的固有理念。《道德经》独特的魅力，吸引了帝王将相、社会贤达、隐士高人为其作注解读。"不读此书，就不知中国文化，不知人生真谛。"（鲁迅语）

《道德经》对世界影响巨大。老子哲学与希腊哲学为人类哲学的两个源头，深受大众喜爱，更被各国哲学家、政治家、科学家所推崇。据世界教科文组织统计，《道德经》已经被翻译成七十多种文字，在世界各国经典名著中，是出版发行量仅次于《圣经》的作品。"老子思想的集大成者——《道德经》，像一个永不枯竭的井泉，满载宝藏，放下汲桶，唾手可得。"（尼采语）

《道德经》的作者老子（约前571—?），又称"老聃""李耳"，春秋末期人，中国古代伟大的思想家、哲学家，道家学派创始人和主要代表，被道教尊为"道祖"，称"太上老君"。老子因其深邃的哲学思想，被尊为"中国哲学之父"。二十世纪八十年代，老子被《纽约时报》评为世界十大文化名人之首。

老子曾担任周朝守藏室之史，博古通今。孔子曾专门去向他请教学问①，事后对弟子们说："龙乘风云而上九天也！吾所见老子也，其犹龙乎？"

伟哉，老子！

伟哉，《道德经》！

---

① 孔子请教老子之事，在《孔子家语》《史记》中均有记载。

目次

道可道，非恒道。名可名，非恒名。

无名，天地之始；有名，万物之母。

故恒无欲，以观其妙；恒有欲，以观其徼（jiào）。

此两者同出而异名，同谓之玄。玄之又玄，众妙之门。

道是可以讲述的（，受认识和语言所限），虽然所讲述的道并不是那个永恒的道。道的名字是可以命名的，虽然所起的名字并不是道所固有的名字。

道是无名的，它从产生天地开始就默默无闻（，从不说自己是谁，也不表现自己，所以我们不知道它叫什么）；道又是有名的，它是万物的养育者（，我们能感知到它的存在）。

因此（，从道的无名可以看出），道一直没有展现自我的欲望，以此来观察它品质上的妙处；（从道的有名可以看出，）道又是一直有欲望的（，持之以恒地运行世界、养育万物），以此来观察它的存在和运行规律。

这两个方面（无名无欲、有名有欲）同出于对道的认识，但名字不一样，都称它们为道的表现（玄）。既从道的这方面表现又从道的另一方面表现（合二为一、辩证统一地）去认识它，就实现了对道的全面认识，这也是认识世界一切奥妙的途径。

道可道：道是可以讲述的。第一个"道"是名词，指宇宙本体及其规律，天地万物的产生者、运行者，它是一切事物的总根源；第二个"道"是动词，意为"讲述""说"。《诗经·鄘风·墙有茨》："中冓之言，不可道也。"

非恒道：不是那个永恒的道。此处指受人的认识和语言所限，根本无法全面地、客观地描述道的真实样子。帛书甲、乙本均为"恒"，汉代为避汉文帝刘恒的讳，将"恒"改为"常"，所以通行本（王弼本）作"非常道"。为了准确理解原著，本书将"常"恢复为"恒"。下句同。恒：永恒的、固有的、永远不变的。

名可名：道的名字可以命名。第一个"名"指名字，第二个"名"指命名、起名、称呼。

非恒名：不是道所固有的名字。

无名：没有名字、不出名。一方面，指道从来没有说它是谁、叫什么，一直隐于幕后、默默无闻；另一方面，我们确实不知道它是谁、叫什么。

天地之始：从产生天地开始。这句话旗帜鲜明地亮出了世界观——世界是由道产生的。始：开端，根源。

有名：有名字，指我们能感受到道的存在而认为它有名字。从认识论的角度，凡是存在的东西都应该有名字。

万物之母：万物的养育者。万物：一般指具有生命的物体（包括人）。母：指养育者。

故恒无欲，以观其妙：因此道是一直没有展现自我欲望的，以此来观察它品质上的妙处。恒无欲：一直没有展现自我的欲望。这是从上一句道"无名"得出的结论。恒：通行本作"常"。欲：欲望、追求。观：观察、体会，指从感性认识到理性认识的全过程。妙：奥妙、妙处、好处，指道在品质上、精神上的好处。

恒有欲，以观其徼：道是一直有欲望的（持之以恒地运行世界、养育万物），以此来观察它的存在和运行规律。恒有欲：一直有欲望、有追求。这是从上一句道"有名"得出的结论。徼：界限、存在的界限和轨迹，指道的存在及其运行规律。

妙、徼：妙指内在品质、精神，徼指外在表现。

两者同出而异名：这两个方面同出自对道的认识，但所用的称呼不一样。两者：两个方面，指无名、无欲和有名、有欲。

谓之：把它们称为。谓：叫作、称作。之：它们，指上面说的"两者"。

玄：道的表现、关于道的、与道有关的，指人所认识的道。玄是一个专门的概念，因为对道无法全面客观地认识，所以就用"玄"字去代表人所感知、认识的道，包括道的表现以及与道相关的一切。它不是道本身，而是我们所认识的有限的"道"，是道的替代物，如后文出现的"玄牝""玄德"等。

玄之又玄：既从道的这方面的表现去认识道，又从道的另一方面的表现去认识道，即从不同的方面去整体地认识道。一分为二、合二为一，这是认识道的方法，也就是西方哲学所说的"辩证统一"。这是个只有中心词没有主谓语的省略句。第一个玄，指（认识）道的"无名""恒无欲"方面的表现；第二个玄，指（认识）道的"有名""恒有欲"方面的表现。之：虚词。又：再。

众妙之门：认识一切奥妙的途径（方法），指辩证统一（从不同方面整体地看问题）既是认识道的方法，也是认识一切事物的方法。众妙：一切奥妙，此处指认识一切奥妙。门：途径，方法。

无名，天地之始；有名，万物之母。故常无欲，以观其妙；常有欲，以观其徼：宋朝王安石、司马光等将此句断为："无，名天地之始；有，名万物之母。故常无，欲以观其妙；常有，欲以观其徼。"这与绝大部分古本不同，并一度很流行。直到1973年马王堆汉墓出土的帛书甲、乙本为"无名，万物之始也；有名，万物之母也。故恒无欲也，以观其妙；

恒有欲也，以观其所徼"，这种断句方式才被否定。其实，《道德经》行文逻辑非常严谨，全书紧紧围绕中心思想展开，前后呼应且没有矛盾之处。后面的三十二章有"道恒无名"、三十四章有"恒无欲"，对道的特征作了进一步的描述。

本章是全文的总纲。

它开门见山地提出了世界观和方法论，即道是什么——天地之始、万物之母，怎样认识道——玄之又玄（辩证统一）。因此，老子称得上是世界哲学的鼻祖。明白了本章，就抓住了本书的要领。

老子给出的世界观和方法论如下：

（1）世界观。天地万物组成的世界是由道所创造、运行、养育的，而且道是有规律地运行着。

（2）方法论。道是可以认识的，认识道的方法是一分为二、合二为一，既要从道的"无名无欲"去把握它的精神，又要从它的运行中把握它的规律。这种一分为二、合二为一的方法，也是认识世界所有事物的根本方法。这种方法在哲学领域就叫辩证统一。

正确理解本章至关重要，是读懂《道德经》的关键。老子的目的在于告诉人们世界的真相，所以，他给出的结论是明确的，表达手法是简单、直接、形象、一目了然的，这些贯彻于《道德经》的全文。

二章

天下皆知美之为美，斯恶矣；皆知善之为善，斯不善已。

故有无相生，难易相成，长短相形，高下相倾，音声相和，前后相随。恒也。

是以圣人处无为之事，行不言之教。万物作焉而不始，为而不恃，功成而弗居。夫唯弗居，是以不去。

天下的人都认识到事物美在哪里，那么也会认识到它丑在哪里；都认识到事物好在哪里，那么也会认识到它不好在哪里。

因此，有无因相对而产生，难易因相对而形成，长短因相对而显现，高下因相对而倾斜，音声因相对而混杂，前后因相对而伴随。（一分为二）这是认识的固有规律。

所以圣人按照顺应自然而为的模式去做事，施行不用政令干涉的教化措施。万物兴起而不把自己当领导者，为天下做了事情而不依仗自己有能力，取得了成就而不居功。正因为不居功，所以功绩不会失去。

天下皆知美之为美，斯恶矣：天下的人都认识到事物美在哪里，那么也会认识到它丑在哪里。这里指认识从一面开始而推及另一面。知：知道，认识到。美之为美：美之所以是美，即美在哪里。斯恶：那么也就知道丑之所以为丑。斯：连词，那么。恶：丑。此处是"皆知恶之为恶"的省略语。下句的"斯不善"，同此。善：好。

有无相生：有无在认识中相对产生。

难易相成：难易在认识中相对形成。

长短相形：长短在认识中相对显现。王弼本作"长短相较"，帛书本等多数古本为"长短相形"。形：显现，表露。《孟子·告子下》："有诸内必形诸外。"

高下相倾：高下在认识中相对产生、互相倾斜。相倾：在高度不同的物体上观察彼此会产生倾斜的感觉。

音声相和：音声在认识中相对产生、互相混杂。也就是说，因为有了声和音的区分，才会感觉声音是混杂的。音：人或动物通过自身发声器官发出的声音，如人的说话声、牛叫声。声：物体之间碰撞等发出的声音，如风声、脚步声。和：混合，混杂。

前后相随：前后在认识中相伴出现。随：伴随。以上六组概念，都出自人对事物的认识规律。

恒也：这是固有规律，指相对性是认识上的固有规律。相对性也就是现在的"一分为二"。恒：永恒不变的，固有的。王弼本无此句。

是以圣人处无为之事，行不言之教：所以圣人按照顺应自然而为的模式做事，施行不用政令干涉的教化措施。这个结论是在用辩证统一的方法认识世界的基础上得出的。一方面，道是这个世界的产生者，并按照规律运行世界，人只能去适应它、遵循它；另一方面，道虽然是世界的主宰者，但一直任万物自然发展，从不随意干预（恒无欲），所以人类的治理也应当效法大道，让人们顺应自然生存，不用主观的政令进行干预。

圣人：上通天地之理，下通人世之情，最善于遵循自然规律生存，最善于按照自然规律治理天下之人。圣人是《道德经》的特有概念，其层次高于通俗意义上的圣人。

无为：不主观妄为，引申为不是以人的主观意志为主导而是适应客观世界、遵循客观规律的行为模式，简称为"顺应自然而为"。无：不，副词，表示否定。为：做，这里指凭主观做事、随意作为。

行：推行，施行。

不言：不用政令、规则等去限制民众，不干涉社会，意思是不逼迫民众按照自己的套路去做。言：言语教化，指制定政令、规则等。

教：教化，政策。

作：兴起，产生。王充《论衡·佚文》："周秦之极，诸子并作。"

不始：不去做领导者。始：开头，指带头人、领导者。王弼本作"辞"，帛书本、傅奕本、范应元本等作"始"。另外，王弼本在此句后有"生而不有"，帛书本、楚简本等多种古本均无此句。从意思上讲，圣人与"生而不有"不相配。

不恃：不依仗自己有本事。恃：依仗，依靠。

弗居：不当成自己的，不据为己有。弗：不。

去：失去。

延伸解读

用我们认识道的方法来认识万物。而认识只能从一面开始，然后到另一面，这样才能做到认识整体。这就是一分为二、统一认识。

圣人认识了道、认识了万物，就要按照道的规律去办事，处无为之事，行不言之教。

三章

不尚贤，使民不争；不贵难得之货，使民不为盗；不见
（xiàn）可欲，使民心不乱。

是以圣人之治，虚其心，实其腹；弱其志，强其骨。恒
使民无知无欲，使夫智者不敢为也。

为无为，则无不治。

不推崇贤能的人，使民众不会因为追求做贤能的人而产
生竞争；不看重稀有难得的物品（，让人不产生非法占有之
心），使民众不去偷窃；不让放纵欲望的情况出现（，没有
诱惑），让民众（平静）的心境不受到扰乱。

所以圣人治理天下的方法是，让民众的内心纯净没有杂念，
满足民众吃饭等身体需求；弱化民众有所作为的志向，增强民
众的身体健康。永远让民众没有投机取巧之心、没有乱七八糟
的欲望，让那些投机取巧的人不敢为所欲为。

用顺应自然而为的方式治理天下，就没有治理不好的。

不尚贤，使民不争：不推崇贤能的人，民众就不会因为追求做贤能的人而产生竞争。也就是说，社会推崇、厚待贤能的人，就会贬低不贤能的人。谁愿意落后呢？所以竞争就产生了。这是对上一章所讲的认识相对论的具体运用。尚：推崇，崇尚。贤：贤能的人。

贵：崇尚，重视。

盗：偷窃。

不见可欲：不让放纵欲望的情况出现。见：同"现"，出现。可欲：允许、任凭欲望自由泛滥，指放纵欲望。可：允许，可以。

虚其心：让百姓内心空虚无杂念。虚：空虚，纯净。

实其腹：吃饱肚子，指满足吃饭等身体需求。实：充实，满足。腹：肚子，指身体。

弱：弱化。

强其骨：增强民众的身体健康。强：增强。骨：筋骨，指身体。

恒：一直，永远。王弼本作"常"。

无知无欲：没有投机取巧之心、没有乱七八糟的欲望。知：通"智"，智巧，心机。无欲：没有超出生存必须的欲望。

夫：这，那。

智者：有投机取巧心思的人、聪明人。这里指妄图用自己的聪明才智去主宰世界、掌控他人的人。

不敢为：不敢随意而为。此处指不敢轻举妄动、为所欲为。敢：有勇气、有胆量做某事。为：随意而为，凭着自己的主观意愿做事。

为无为：用顺应自然而为的方式治理。前一个"为"的意思是"治理"。《国语·周语》："是故为川者决之使导，为民者宣之使言。"

治：治理好，安定太平。《战国策·秦策》："于是法大用，秦人治。"

延伸解读

本章将前两章辩证统一的认识方法落实到具体的治国策略上。治国策略要做到全方位考量，利与弊要通盘考虑，不能只看到其好处而忽略其危害。就好比崇尚贤能的举措，短期看效果很明显，但它会引发社会竞争，动摇社会稳定和谐的根基，所以是得不偿失的。

智者不敢为所欲为的意义是，能够保持社会的长久淳朴与和谐稳定。智者为所欲为的害处在于：从大的方面看，智者自以为无所不能，基于自己的想法为人类规划方向，把社会带入歧途；从小的方面看，智者利用自身的智慧优势巧取豪夺，侵占别人的劳动果实，奴役他人。这些人为的东西看似高明，但在世界运行的长河里，都是短视的，其本质是违反自然规律的，是对社会秩序的破坏。

四章

道冲，而用之或不盈。渊兮，似万物之宗。挫其锐，解其纷；和其光，同其尘。湛兮，似或存。吾不知谁之子，象帝之先。

道是空虚的，而且（它空间广阔）用起来不会达到盈满的程度。它深远啊，感觉是万物的本源。它隐去自己的锋芒，不去与万物纷争；柔和自己的光亮（让万物易于适应），与万物共同存在于世间。清澈通透啊，感觉它确实存在。我不知道它是谁产生的，在天出现之前就存在了。

注释

道冲，而用之或不盈：道是空虚的，而且用起来不会达到盈满的程度。指道像一个巨大无比的容器，内部是空虚广阔的，世界万物在其中运行，无论如何也到达不了它的边际。冲：空虚。或：强调语气，表示肯定，帛书乙本为"而用之有（又）弗盈也"。不盈：不会将其充满，指空间广阔、无边无际。盈：充满。

渊：深邃。

似：似乎，感觉。

宗：本源。

挫其锐：损去自己的锐气、隐去自己的锋芒，意思是不展示自己的高明。挫：折损。锐：锐气，锋芒。

解其纷：消除与万物的纷争，意思是不与万物竞争。解：消除，解除。纷：纷争。

和其光：柔和自己的光亮，意思是让万物适宜生存。和：柔和。光：光亮。

同其尘：与万物共存于世间。意思是不脱离万物高高在上，而是与万物打成一片。尘：尘世，世间。

湛：清澈。

似或存：感觉它确实存在。似：似乎，感觉。或：强调语气，表示肯定。存：存在。

谁之子：谁的孩子，谁产生了它。

象帝之先：最早的形象出现之前，即天出现之前。象帝：最早的形象。象：形象。《周易·系辞》："在天成象，在地成形。"帝：最高权威，这里指最早的。

延伸解读

本章描述了道的形态：道是空虚的，体积无限广大，历史无限久远。它是世间一切的根源。它以不显山露水的方式，与万物无争；以柔和适宜的方式，与万物共存。

天地不仁，以万物为刍（chú）狗。圣人不仁，以百姓为刍狗。

天地之间，其犹橐籥（tuó yuè）乎？虚而不屈，动而愈出。多言数穷，不如守中。

天地（有规律地运行）不会随意对万物施加仁爱，把万物当作祭祀使用后的刍狗一样（任其自然）；圣人（遵循天地运行规律）不会随意对百姓施加仁爱，把百姓当作祭祀使用后的刍狗一样（任其自然）。

天地之间（是一个完备的系统），不正如风箱一样吗？风箱里面虽是空虚的，但其中的空气不会屈服，越是推拉风箱的活塞，空气出得越快。过多地去干预天下，人有限的本事很快就会穷尽，不如按照其中的规律去做。

天地不仁，以万物为刍狗：天地有规律地运行，不会随意对万物施加仁爱，把万物当作祭祀使用后的刍狗一样任其自然。意思是，天地已经为万物提供了生存环境，赋予了万物生存本能，不会再对万物额外地施加仁爱。天地：由天和地组成的宇宙系统。天：指地球之外的宇宙空间和天体。地：大地，指地球。仁：对……仁爱，对……和善。刍狗：古代祭祀时用草扎成的狗，用完之后就放在一边不管了。

圣人不仁，以百姓为刍狗：圣人遵循天地运行规律，不会随意对百姓施加仁爱，把百姓当作祭祀使用后的刍狗一样任其自然。意思是，圣人知道天地已经为万物提供了生存环境、赋予了万物生存的本能，百姓能够自然生存，所以不需要额外对百姓仁爱照顾。

其：语气词，用于反问句，表示反诘。

犹：如同，好像。

橐龠：风箱。

虚而不屈：指风箱的内部虽然看起来是空的（但里面充满气体），不因挤压而屈服。天地之间也是如此，看起来是空的，其实不是，有空气等存在。屈：屈服，缩小。

动而愈出：快速推拉风箱的活塞只会让空气出得更快。意思是，人在天地之间折腾，改变不了什么，只会徒劳无功。

多言数穷：过多干预，招数就穷尽了。意思是，人的本事有限，一折腾，真面目就露出来了。多言：过多干预，与"不言"相对。言：用政令等干预。数：技艺，本事，招数。穷：穷尽。

守中：遵守其中的规律，按照其中的规律去做。守：遵守。中：其中的规律、法则，指天地之间的规律法则。

延伸解读

本章阐述天地以固有的规律运行，不掺杂任何情绪，所以不会随意对万物施以恩德或进行干预。以风箱作比喻，指出天地是完备的运行系统，人类违背自然规律的行为就像拉动风箱一样，只不过将空气反复吸入排出，徒劳无功。最后得出结论：只有遵循世界的规律行事才是正道。

六章

谷神不死，是谓玄牝（pìn）。玄牝之门，是谓天地根。绵绵若存，用之不勤。

译文

世界的生养之神永远不会死亡，这就是道的生育系统。道的生育系统的出口，称为天地的根源。它的能量似乎绵绵不绝，用之不尽。

注释

谷神：生养之神。谷：生养，养育。

不死：永远存在。

是谓：这叫作，这称为。是：这，此。谓：叫作，称为。

玄牝：道的生育系统。玄：关于道的。牝：雌性，指生育系统。

门：出口。

天地根：天地的根源。

绵绵若存：（它的能量）好像绵绵不绝的存在。绵绵：无穷无尽。若：类似，像。

勤：枯竭，穷尽。《文子·上仁》："力勤财尽，有旦无暮。"

延伸解读

道像一个巨大的生育母体，生天生地生万物。它能量无穷，一直在运行天地、养育万物。

如果把世界看作一棵大树，道就是看不见的埋在地里的树根，树干就是天，树枝就是地，树叶就是万物。树干、树枝、树叶都由树根供给营养。

所以，道是世界的本体，是一切事物的根源，是天地运行、万物生长的动力之源。

七章

天长地久。天地所以能长且久者，以其不自生，故能长生。

是以圣人后其身而身先，外其身而身存。非以其无私邪？故能成其私。

译文

天地长久存在。天地之所以能够长久，是因为天地不是为了自己存在而存在，所以能够长久存在。

所以圣人把自身的利益放在大众后面反而成为领导者，为了大众不考虑自己反而能够很好地生存。不是因为他无私吗？所以能成就他自己。

注释

天长地久：天地长久存在。

不自生：不为了自己生存。指为了养育万物。

后其身而身先：把自身的利益放在后面反而成为领导

者。后：放在后面。身：自己，自身。先：走在前面的人，指带领者、领导者。

外其身而身存：不考虑自身反而能够很好地生存。意思是，为了民众利益不考虑自己，会得到民众的爱护而生活得很好。外：不在考虑之内。存：生存。

成其私：成就他自己。私：自己，个人。

延伸解读

"后其身"与"身先"、"外其身"与"身存"是因果关系。统治者只有把大众的利益放在自身的利益前面，努力为大众服务，才能得到大众的拥护而成为领导者；只有一切为了大众而不考虑自己，被大众所尊重和爱护，才会生活得更好。

八章

上善若水。水善利万物而不争，处众人之所恶（wù），故几于道。

居善地，心善渊，与善仁，言善信，正善治，事善能，动善时。

夫唯不争，故无尤。

上好的品行像水一样。水善于做有利于万物的事却不与万物相争，处在大家都厌恶的低洼之地，所以水的表现接近于道。

生存要善于适应环境，用心要善于深沉包容，交往要善于与人为善，说话要善于诚实守信，施政要善于治理，做事要善于发挥自身才能，行动要善于把握时机。

正是因为不争，所以才不会有过失。

上善：上好的品行。上：上等，等级或品质好的。《孙子兵法·谋攻篇》："凡用兵之法，全国为上，破国次之。"善：好的。

恶：厌恶。

几：接近。

居善地：生存善于适应地理环境。这里指像水一样适应地势，遇下则流，遇洼则聚，遇阻则绕。居：居住，生活。《论语·学而》："君子食无求饱，居无求安。"善：善于。地：地理、地势特点，指地理环境。

心善渊：用心善于深沉包容。这里指像深水一样深沉平静、有容量。渊：深水。

与善仁：交往善于与人为善。这里指像水一样做有利于万物的事。与：结交，交往。仁：对……仁爱，对……和善。与善仁：帛书乙本为"予善天"。

言善信：说话善于诚实守信、说到做到。这里的意思是少说话、讲真话、不讲虚话。言：说话。

正善治：施政善于治理。这里指像水一样善于周流循环、滋养万物。正：通"政"，施政。治：治理。

事善能：做事善于发挥自身才能。这里指像水一样发挥能滋润、能养育、能洗涤等特长。能：才能。

动善时：行动善于把握时机。像雨一样适时而下。时：

时机，机会。

尤：过失。

前面从道讲到天地，从天地又讲到离我们更近的水。要像水一样为人处世、治理社会。

居善地，讲不与客观环境争，而是要适应自然环境；心善渊，讲不与万物争，而是要包容万物；与善仁，讲不与他人争，而是要有利于他人；言善信，讲不争虚名，而是要实实在在地做事；正善治，讲从政不是为争权，而是为了治理好社会；事善能，讲做事不是为了出人头地，而是要发挥特长；动善时，讲行动不是为了争分夺秒，而是要抓住时机。所以，才有"夫唯不争，故无尤"。

九章

持而盈之，不如其已。揣（zhuī）而锐之，不可长保。金玉满堂，莫之能守。富贵而骄，自遗其咎。

功遂身退，天之道。

译文

做事追求圆满，不如把它停下来。把刀子打磨得很锋利（，用起来顺手但容易磨损折断），不能长久保持。黄金美玉堆满厅堂，没有人能守得住。富贵之后骄傲自大（，与大众对立），只会自己给自己留下灾祸。

功业成就后不居功，才是自然之道。

注释

持而盈之：做事追求圆满。持：持有，指持有的做事态度。盈之：追求圆满。盈：满。这是从上一章的水延伸而来，由"水满则溢"引发的论述。

不如其已：不如把它停下来。已：停止。

揣而锐之，不可长保：把刀子打磨得很锋利好用，但刀刃容易磨损、折断，所以无法保持长久。以此来比喻做事不能急功近利、只图眼前。揣：锤击，敲打。锐之：使其锐利。

金玉：黄金美玉等贵重物品。

满堂：堆满厅堂。堂：厅堂，古时房屋前为堂，堂后为室。帛书本、楚简本为"盈室"，意指金银财宝堆在后面的房间里。

富贵：指有钱有地位。帛书本为"贵富"，楚简本为"贵福"。

骄：骄傲，自大。

自遗其咎：自己给自己留下灾祸。遗：留下。咎：灾祸、灾害。

天：上天，自然。

延伸解读

上一章的主题是"不争"，本章列举了几种"争"：持而盈之（争圆满）、揣而锐之（争一时功利）、金玉满堂（争财富）、富贵而骄（争地位）及其不利后果，以此得出"功遂身退，天之道"的结论。

有道是：

千里修书只为墙，让他三尺又何妨？

万里长城今犹在，不见当年秦始皇。

十章

载营魄抱一，能无离乎？专气致柔，能婴儿乎？涤除玄览，能无疵乎？爱民治国，能无知乎？天门开阖（hé），能为雌乎？明白四达，能无为乎？

生之畜之，生而不有，为而不恃，长而不宰，是谓玄德。

 译文

人由身体和灵魂组成，两者应当保持和谐一致，能做到没有背离吗？一心一意使心气运行于柔和状态，能做到和婴儿一样（不意气用事）吗？清洗除去传承于道的先天本能心镜上的欲望污垢（而看清正确的人生方向），能做到一尘不染吗？爱护人民、治理国家，能做到不用智巧吗？言语教化，能做到像雌性一样以静制动，而不去主动向百姓发号施令吗？明白天下事理（，智慧高超），能做到顺应自然而为吗？

创造万物、畜养万物，创造万物而不认为是自己所有，为万物提供一切生存条件而不依仗是自己的功劳，养育万物使其成长而不去主宰它们，这就是道所表现出的美好品质。

注释

载营魄抱一：人搭载着身体和灵魂，两者要保持一致。意思是，人是由身体和灵魂组成，重点在于思想要以身体为本，灵魂决策不能超出身体的能力，两者要做到统一和谐。载：搭载。营：营地，指身体。魄：灵魂，思想。抱：保持。一：统一，一致。

能无离：（思想和行为）能做到没有背离。

专气致柔：一心一意让心气的运行达到柔和状态，指不冲动、不意气用事，像江河中的水沿着河道流动一样，不泛滥横流。专：一心一意。气：心气，情绪。类似于心理学上所说的心理反应系统，心气反应过度（或心理反应过度）就是冲动，心气就会演变成意气、情绪。意气用事，就是任性。专气：道教指凝聚真气。

能婴儿乎：能做到和婴儿一样吗？婴儿：刚出生的孩子，此时没有心机，不意气用事，性情平和，除了渴、饿、不舒服等外，一般不会哭闹。

涤除玄览：清除遗传于道的先天本能心镜上的污垢，看清前进的方向。涤：清洗。玄览：传承于道的先天本能心镜，用来指引万物生存。道是万物的本源，万物皆有道的基因，皆有传承于道的先天本能。例如：婴儿一生下来就会找奶吃；从沙滩中刚孵化出的小海龟能直奔大海；家里被单独养大的雌性兔子一旦受孕就会衔草拔毛做窝；等等。玄：关于道的，来源于道的。览：同"鉴"，镜子。帛书本为"玄监（鉴）"。

疵：原意是皮肤上的黑斑，这里指尘埃、尘斑，主要指欲望尘埃。

爱民治国，能无知（zhì）乎：爱护人民、治理国家，能做到不用智巧吗？六十五章有"以智治国，国之贼；不以智治国，国之福"。帛书本、范应元本、傅奕本为"爱民治国，能无以知乎"。知：通"智"，意为智巧、聪明。

天门开阖：嘴巴张开闭上，指下命令等言语教化。天门：指人的嘴巴。在人体中，天门指嘴巴，地门指肛门和尿道。阖：闭上。

为雌：做到像雌性那样以静制动，不主动发号施令。意思是社会没有出现问题时就不要去干预，所采取的方式要柔和。王弼本为"无雌"，帛书本等古本作"为雌"。雌：雌性动物一般表现安静、被动，不像雄性动物那样主动、好斗。

明白四达：通晓天下事理。四达：通达天下。四：四面八方。

无为：范应元本、傅奕本为"无以为"，帛书本为"无（毋）以知"，其他多数古本作"无为"。

生之畜之：创造万物养育万物。畜（xù）：畜养。之：

万物。

恃：依仗，依靠。

宰：主宰，支配。

玄德：道表现出的品质。玄：道的表现、关于道的。德：美好的品质。在《道德经》中，专指遵道而行的品质和属性。详见二十一章"孔德之容，惟道是从"。

"生之畜之，生而不有，为而不恃，长而不宰，是谓玄德。"这一段，是前一段做事的根据。

延伸解读

本章讲了为人处世的六项原则，前三项是为人，后三项是处世。

一是要量力而为，二是做人要柔和，三是要保持正确的方向，四是治理社会不要以智巧行事，五是不要主动干预社会，六是越是明白天下事理越要遵循规律。

十一章

三十辐共一毂（gǔ），当其无，有车之用。埏（shān）埴（zhí）以为器，当其无，有器之用。凿户牖（yǒu）以为室，当其无，有室之用。

故有之以为利，无之以为用。

三十根辐条钳进同一个轮毂里，在于轮毂之中有插孔，才有了车的功用。把黏土揉成容器，在于容器当中的空间，才让容器有了装物的功能。在土壁上凿出门窗、做成房屋，在于当中的空间，才有了房屋的居住功能。

因此，把有形的存在作为利用，让无形的存在发挥作用。

辐：辐条。古代的车轮辐条是木头做的。

毂：车轮的中心部位，圆柱状，圆柱外侧周围有孔能嵌入辐条，中心有圆孔供车轴插入。本句的意思是：正因为车毂纵向有插孔插入辐条，横向有圆孔插入车轴，车轮才能够转动、承载，车才成为车。

　　当：在，在于。

　　无：无形，空间。

　　埏：揉，塑。

　　埴：黏土。

　　器：器皿，容器。

　　户牖：门窗。户：单扇的门，泛指门。牖：窗户。

　　利：利用。

　　用：功用。

　　<u>本章还有另外一种断句方式</u>："三十辐共一毂，当其无、有，车之用。埏埴以为器，当其无、有，器之用。凿户牖以为室，当其无、有，室之用。"但不影响本章要表达的意义。

　　延伸解读

　　对有、无的统一运用，是人类认识大自然、利用大自然、开发大自然的基础。对相互对立的事物进行统一的认识和运用，是对"玄之又玄"的具体实践。

　　对此，《淮南子·说山训》说："走不以手，缚手走不能疾；飞不以尾，屈尾飞不能远。物之用者，必待不用者。故使之见者，乃不见者也；使鼓鸣者，乃不鸣者也。"

军事上对"正"与"奇"的应用，《孙子兵法·势篇》有精彩的论述："三军之众，可使必受敌而无败者，奇正是也……凡战者，以正合，以奇胜……战势不过奇正，奇正之变，不可胜穷也。"（整个部队与敌对抗而不会失败，是依靠正确运用"奇正"的变化……大凡作战，都是以正兵作正面交战，而用奇兵去出奇制胜……战争中军事实力的运用不过"奇""正"两种，"奇""正"的组合变化无穷无尽。）

十二章

五色令人目盲，五音令人耳聋，五味令人口爽，驰骋畋（tián）猎令人心发狂，难得之货令人行妨。

是以圣人为腹不为目，故去彼取此。

沉迷于艳丽的色彩，眼睛识别生存环境的本能就丧失了，如同瞎了一样；沉迷于动听的音乐，耳朵分辨环境声音的本能就丧失了，如同聋了一般；沉迷于美味的诱惑，口舌为身体进食的本能就丧失了，只会追求刺激和爽快；骑马奔驰、热衷打猎，会让人的内心疯狂而失去理智；追求稀有难得的物品，会让人的行为受到妨害而出现错误。

所以圣人的行为是为了身体需要而不是为了寻求感官刺激。因此，远离错误的做法，采取正确的方式。

五色：青、黄、赤、白、黑五种颜色，指艳丽的色彩。

目盲：眼瞎，指眼睛丧失应有的本能、看不到应该看到的东西。盲：瞎，看不见。

五音：宫、商、角（jué）、徵（zhǐ）、羽五种音调，指动听的音乐。

五味：甜、酸、苦、辣、咸五种味道，指各种美味。

爽：爽快，过瘾。

畋：狩猎。

狂：疯癫，狂乱。

行妨：行为的正确性受到损害。妨：损害。

为腹不为目：为了身体需要而不是为了寻求感官刺激。腹：肚子，指身体的需求。目：眼睛所看，这里指眼睛、耳朵等感官的刺激。

去：远离。

取：采取。

延伸解读

本章阐述了感官与身体的关系。感官的功能是为身体生存服务，不是追求感官刺激和外在的诱惑，不能本末倒置。

十三章

宠辱若惊，贵大患若身。

何谓宠辱若惊？宠为下，得之若惊，失之若惊，是谓宠辱若惊。

何谓贵大患若身？吾所以有大患者，为吾有身，及吾无身，吾有何患？

故贵以身为天下，若可寄天下；爱以身为天下，若可托天下。

得到尊崇、失去尊崇要如同受到惊扰一样，重视社会的大祸患要如同重视自身的大祸患一样。

什么是得到尊崇、失去尊崇如同受到惊吓呢？荣宠是不好的东西，得到它内心惊喜如同受到惊扰，失去它内心惶恐如同受到惊扰，这就是得到尊崇、失去尊崇都如同受到惊扰。

什么是重视社会的大祸患如同重视自身的大祸患一样？我自己之所以有大祸患需要防范，是因为我有身体的缘故。如果我没有身体，我有什么祸患需要防范呢？

　　所以，像重视自己的身体一样去为天下，这样就可以把天下托付给他；像爱护自己的身体一样去为天下，这样就可以把天下交付给他。

注释

　　宠辱若惊：得到尊崇、失去尊崇都如同受到惊扰。指对于治理天下而言，被尊崇是身外虚名，不值得追求和看重。宠：荣宠，被尊崇。辱：辱没，指失去。

　　贵大患若身：重视社会的大祸患要如同重视自身的大祸患一样。贵：重视。患：祸患，灾难。

　　何谓：什么是。

　　宠为下：被尊崇是不好的东西。帛书本是"宠之为下"。下：下等的，不好的。

　　吾所以有大患者，为吾有身：我之所以有大患需要防范，是因为我有身体的缘故。意指人生的根本是生存，为了生存要注意防范天灾、人祸、疾病等祸患，保护好身体。

　　及吾无身：如果我没有身体。及：如果。《管子·大匡》："臣闻齐君惕而亟骄，虽得贤，庸必能用之乎？及齐君之能用之也，管子之事济也。"

　　若可：这样就可以。若：这个，这样。《论语·宪问》：

"君子哉若人！尚德哉若人！"可：可以。帛书本、楚简本、傅奕本均为"若可以"。

寄：委托，托付。

托：交付。

延伸解读

本章阐述的是，治理天下不是为了得到尊崇之类的身外虚名，而是把重点放在保障社会长治久安、预防社会混乱上，对待天下要像善待自己的身体一样。同时强调，只有像重视、爱惜自己的身体一样对待天下的人，才有资格拥有天下。那些为了虚名连自己身体都不顾的人，怎么会善待天下呢？

视之不见，名曰夷；听之不闻，名曰希；搏之不得，名曰微。此三者不可致诘，故混而为一。

其上不皦（jiǎo），其下不昧，绳绳（mǐn mǐn）不可名，复归于无物。是谓无状之状，无物之象，是谓惚恍。迎之不见其首，随之不见其后。

执古之道，以御今之有。能知古始，是谓道纪。

道有三个特征：看它看不见，称为"夷"；听它听不到，称为"希"；摸它摸不着，称为"微"。这三点，无论从哪一方面都不可能得出道究竟是什么，因此要把它们综合起来作为一个整体认识。

它的上面不明亮，它的下面不暗淡；它特点众多，无法像具体事物那样给它定义命名，经过反复论证后把它归属到无物的一类。就是没有形状的形状，没有形态的形象，就是意识才能感觉到的模糊不清的存在。迎着它看不到它的头部，跟着它看不到它的尾部。

拿古代的道的规律，能够解决今天的问题。能够知道道的规律在古代开始的情况，这就叫抓住了道的要领（因为道的规律是不变的）。

注释

致诘：追究到底。致：极，极致。诘：追问。

混而为一：混合起来作为一个整体。

曒：明亮。

昧：昏暗。

绳绳：众多的样子。《诗经·周南·螽斯》："宜尔子孙，绳绳兮。"

名：命名。

复：反复。

归：归属。

无物：感官感知不到的一类事物。

象：形象，样子。

惚恍：若明若暗不清晰的感觉。此处指心灵意识方面的感受。

随：跟随。

执古之道，以御今之有：拿古代道的规律，能够解决现在的问题。执：拿，掌握。御：应用。《荀子·礼论》："然而礼兼而用之，时举而代御。"以：能够。《孟子·滕文公》："大则以王，小则以霸。"帛书甲、乙本均作"执今之道，以御今之有"，与多数古本不同。

道纪：道的要领。纪：头绪。

延伸解读

本章继续带领我们去认识道。

道是看不见、听不到、摸不着的存在，只有用心灵意识才能模模糊糊地感知到。道的运行规律亘古不变、贯彻古今。

十五章

古之善为士者，微妙玄通，深不可识。夫唯不可识，故强为之容：

豫兮，若冬涉川；犹兮，若畏四邻；俨兮，其若客；涣兮，其若凌释；敦兮，其若朴；旷兮，其若谷；混兮，其若浊。

孰能浊以静之徐清？孰能安以动之徐生？

保此道者不欲盈。夫唯不盈，故能敝不新成。

 译文

古代善于行道的人，处事得当，通晓大道，深藏不露，不容易识别。正因为不容易识别，所以勉强形容一下他们的样子：

事前准备充分啊，像冬天过河一样；不敢轻举妄动啊，像要做坏事怕被周围的人看到一样；庄重恭顺啊，像在别人家做客一样；易于变通啊，如同冰遇热融化一样；性情敦厚啊，就像大自然一样；心胸广阔啊，就像空旷的山谷一样；混杂能容啊，如同可以掺入任何杂物的浊水一样。

谁能做到以平静的方式让欲望搅浑的心境慢慢恢复清净？谁能用循序渐进的行为方式做到安定？

依照这个道理处事的人不追求圆满。正因为不求圆满，所以能保持原有局势稳定而不会出现变故。

注释

为士：行道的人。

微妙玄通：处事得当、通晓大道。微妙：具体事情处理得当。微：小，指具体事情。妙：好，恰到好处。玄通：通晓道的知识。玄：关于道的。通：通晓。

深：深藏不露。

夫唯……故……：正因为……所以……

强为之容：勉强描述他们的样子。强：勉强。容：容貌，样子。

豫：事前准备。《周易·既济》："君子以思患而豫防之。"

犹：踌躇疑惧，指不轻举妄动。

四邻：周围的人。

俨：庄重，恭敬。

客：做客，指被动一方，有"客随主便"之说。

涣：消散，指易于变通、处事不固执。

凌释：冰融化。凌：冰。释：消融，融解。王弼本作"涣兮，若冰之将释"。

敦：敦厚，指性情敦厚。

朴：朴实自然。

旷：空旷，辽阔，指心胸广阔。

谷：两山之间的宽阔空间。

混：混杂能容，指能够包容不同的人和事。

浊：浑浊的水，掺入泥土灰尘等杂物的水。

孰能浊以静之徐清：谁能做到以平静的方式将混浊的水慢慢变清？引申为：谁能做到以平静的方式让欲望搅浑的心境慢慢恢复清净？孰：谁。静：平静。徐清：慢慢变清。帛书本作"浊而静之，徐清"。

孰能安以动之徐生：谁能做到用循序渐进的行为方式保持安定？动：行动。徐生：循序渐进，慢慢来。王弼本作"孰能安以久动之徐生"，帛书本作"女（安）以重（动）之，徐生"，遂州龙兴观碑本作"安以动之徐生"。徐：慢，缓缓。

保此道者：依照这个道理行事的人。保：依靠，依仗。屈原《离骚》："保厥美以骄傲兮。"此道：这个道理。

不欲盈：不追求圆满。一味追求圆满往往物极必反，造成不利后果（见九章"持而盈之"）。欲：想要，追求。

敝：破的，旧的，原来的。此处指保持原有格局。王弼本作"蔽"。

新成：发生新的变化，如人生变故、社会动乱等。

延伸解读

本章描写了有道之士具有的品行以及处事的两大原则：用平静之道净化心灵，以循序渐进之道保持个体平安、社会安定。不管是修身还是治理天下，要持平常心，不追求圆满；否则，水满则溢，月盈则亏。

十六章

致虚极，守静笃。

万物并作，吾以观复。夫物芸芸，各复归其根。归根曰静，是谓复命。复命曰常，知常曰明。不知常，妄作凶。知常容，容乃公，公乃王，王乃天，天乃道，道乃久，没（mò）身不殆。

最大限度地保持内心空虚少欲，坚定地遵守"静"的行为原则。

在万物一齐生发中，我们去观察它们不断重复的活动轨迹。万物的表现虽然多种多样，但各自重复进行的活动都是为了生存这个根本。为了生存根本而活动叫作"静"，这就是反复进行的生命活动应当遵循的模式。反复进行的生命活动应当遵循的模式叫作法则，知道法则叫作明智。不知道法则而随意作为是危险的。知道法则就会接受法则的约束，接受法则的约束才会公正客观地处理人与自然的关系，公正客观地处理人与自然的关系才会用法天则地的王道治理天下，用法天则地的王道治理天下才符合天的运行法则，符合天的运行法则才符合道的运行法则，符合道的运行法则才会长久，终生都不会有危险。

注释

致虚极，守静笃：（内心）致力于最大限度的清虚，（行为）遵守"静"的原则。致：达到，致力于。虚：清虚，内心欲念少。极：最大限度。守：遵守，坚守。静：静的处事原则。笃：坚定。帛书本作"致虚，极也；守静，表也"。二者意思一致。

并作：一齐生发。

吾：我，我们。

观复：观察它们重复进行的活动，如觅食、睡觉、交配、育雏等。观：观察。复：重复，反复。帛书本、傅奕本、范应元本等多数古本为"观其复"，更准确。

夫：助词，用于句首，引发判断或议论。

芸芸：众多，指表现多种多样。

各复归其根：各自重复进行的活动都归于（为了）它们的生存根本。归：归属，归于。

归根曰静：为了生存根本而活动叫作"静"。这是静的定义，是《道德经》很重要的概念。也就是说，不是为了生存而进行的活动都超出了静的范畴。

是谓复命：这就是反复进行的生命活动应当遵循的模式。其他多个古本为"静曰复命"。命：生命活动。

常：法则，常规。

妄作凶：随意作为是凶险的。妄：随意，随心所欲。凶：凶险，危险。

知常容：知道法则就会接受它的约束。容：接受，容纳。

乃：才。

公：公正，指公正、客观地处理人与自然（客观世界）的关系，摆正位置。

王：施行法天则地的王道。《黄帝四经·经法·六分》："王天（下）者之道，有天焉，有人焉，又（有）地焉。"

王乃天：施行遵循自然法则的王道才符合天的运行法则。天：天的运行法则。

没身不殆：终生不会有危险。没：通"殁"，死亡。殆：危险。

延伸解读

作为高明的统治者，要最大限度地保持内心的清净，坚守"静"的行为准则。通过对万物的观察，去认识生命的根本和运动规律，并进一步认识自然界的运行规律，才能做到以遵守规律的王道来治理天下，实现长治久安。

十七章

太上，下知有之；其次，亲而誉之；其次，畏之；其次，侮之。

信不足焉，有不信焉。

悠兮，其贵言。功成事遂，百姓皆谓我自然。

 译文

最好的君主（因循自然之道，不去主动教化作为），（所以）百姓（对他的了解比较少，）只知道他的存在；次一等的君主（以仁义等方式治理社会），百姓亲近并赞美他；再次一等的君主（用严苛的政令来管控百姓），百姓都害怕他；最差的君主（胡乱作为，把社会搞得一团糟），百姓都看不起他。

（统治者）信用不足了，（民众）对他们才有了不信任。

很悠闲啊，最高明的统治者很少用政令去干预社会。事业成功了，事情办成了，百姓都说这是我顺应自然的结果（与统治者无关）。

太上：最好的、最高明的君主。太：最，极。上：地位高的，特指君主帝王。《史记·陈涉世家》："上使外将兵。"

下：指民众、百姓。见三十九章"贵以贱为本，高以下为基"。

亲而誉之：亲近并赞美他。誉：赞美。

畏之：害怕他。因为统治者政令严苛、手段残暴。

侮之：看不起他。侮：看不起。《论语·季氏》："狎大人，侮圣人之言。"

信不足焉，有不信焉：统治者的诚信不足了，民众就会不信任他。是什么造成统治者的信用不足？当他们不按照规律办事而是根据自己的主观意愿行事时就会出现错误，这样就损害了他们的信誉，次数多了，人民就不再信任他们。帛书本、楚简本为"信不足，安（安：才）有不信"。

悠兮，其贵言：悠闲啊，最高明的统治者很少用政令等干预社会。这是描绘最高明的统治者治理天下的样子，很形象。悠：悠闲，闲适。其：指"太上"，此处指最高明的统治者。贵言：以言为贵，指不轻易出言干涉，不轻易用政令干预。贵：宝贵，珍惜。言：言语教化，指制定政令、规则等。帛书本、楚简本、傅奕本、范应元本等多数古本作"犹兮，其贵言"。意思是"慎重啊，最高明的统治者很少用政令等干预社会"。这样也可以，但表现出的意境不如前者。

功成事遂，百姓皆谓我自然：事业成功了，事情办成了，百姓都说这是我顺应自然的结果。这是描绘在最高明统治者治理下的百姓的状态。功：事业，功业。遂：顺利做到，成功。自然：自然而然，指人或事物自然发展变化的结果。

延伸解读

紧接前文，阐述遵循自然规律治理天下和不按照自然规律治理天下的四种情形：

最好的治理模式——以自然之道治理天下；

次一级的治理模式——以仁义治理天下；

再次一级的治理模式——以礼法治理天下；

最差的治理模式——随心所欲，为所欲为。

十八章

大道废，有仁义；慧智出，有大伪；六亲不和，有孝慈；国家昏乱，有忠臣。

译文

大道被废弃了，才会产生仁义；心机智巧出现了，才会有大的虚伪诡诈产生；家庭中六亲不和睦了，才会提倡孝顺和慈爱；国家陷入混乱状态，才会提倡做忠臣。

注释

大道废，有仁义：大道废弃了，才会有仁义出现。有：发生，产生。仁义：人凭主观想象制定出的调节人与人关系的伦理体系，见三十八章对仁、义、礼的解读。帛书本、楚简本皆为"故大道废，安（安：才）有仁义"，后面的几句都是这种格式。

慧智：机智聪明，这里指心机智巧。

出：出现，显现。

大伪：隐藏很深的诡诈。伪：不诚实，诡诈。

六亲：父、子、兄、弟、夫、妇。

孝慈：子女孝顺，父母慈爱。

国：帛书本作"邦"。

昏：昏暗不明，混乱。

延伸解读

　　原文四句是层层递进的关系，即：大道废弃了，才会出现仁义；出现了智慧，才会有大伪产生；六亲不和，才会有孝顺和慈爱；国家混乱，才会有忠臣。

　　有了仁义，就会有不仁不义，人为的社会道德标准就产生了，人就被分成三六九等。

　　随着心机智巧的出现，假仁假义不可避免地粉墨登场，而且会越来越严重。这种人为的以仁义为中心、掺杂着智巧的伦理体系，将原本淳朴自然、和谐相处的社会关系彻底打碎，原本平等互助的人际关系变成互相竞争、互相提防、互为对手的关系，社会秩序陷于失控的旋涡。

　　从家庭层面，道德素质的高低直接导致了家庭成员的分化，放大了彼此之间的矛盾，打破了以往和睦相处的平衡气氛，所以只能用提倡父母慈爱、子女孝顺来维持。

　　从社会层面，贤愚贵贱好坏分明导致竞争加剧，虚伪诡诈层出不穷，国家陷于黑暗混乱状态，官员自私自利、不忠于职守的现象频发，所以只能提倡他们尽忠尽责。

一切问题的发生，都是不遵守大道的缘故。提倡孝慈和忠臣，就好比扬汤止沸，怎么能从根本上解决问题呢？

所以，《韩非子·五蠹》说："故偃王仁义而徐亡，子贡辩智而鲁削。以是言之，夫仁义辩智非所以持国也。"

十
九
章

绝圣弃智，民利百倍；绝仁弃义，民复孝慈；绝巧弃利，盗贼无有。

此三者，以为文不足，故令有所属：见（xiàn）素抱朴，少私寡欲。

 译义

杜绝用智慧干扰社会，抛弃用智巧手段奴役百姓，人民自然受益百倍；不用人为的仁义伦理教化、约束百姓，人民自然恢复孝顺慈爱的本性；杜绝投机取巧，抛却追逐利益的做派（，人民自然没有非分之想、贪占之心），盗贼也就不存在了。

这三个方面，仅仅把它们作为条文措施是不够的，所以还要从根源上去解决：行为要保持单纯，内心要保持淳朴，少一些私心，少一些杂念。

注释

绝圣弃智：杜绝用智慧干扰社会，抛弃用聪明手段奴役、剥削百姓。绝：杜绝，断绝。圣：有智慧的。弃：抛弃。智：聪明，智巧。"圣"在聪明才智上比"智"更高一筹，"圣"是大聪明，"智"是小聪明。之所以要摒弃聪明才智，从大的方面看，它们在客观规律面前都是小聪明小智慧，而且会破坏社会应有的发展规律；从小的方面看，具有聪明才智的人往往是从别人身上为自己谋私利的，会破坏人与人之间的自然秩序，导致社会混乱。

复：恢复，回到。

巧：伪诈，指投机取巧。

利：利益，指追逐利益。

此三者：指"绝圣弃智、绝仁弃义、绝巧弃利"三项措施。

文：外在的东西，这里指条文、制度、措施。《论语·雍也》："质胜文则野，文胜质则史。"

令有所属：让它有解决其根本的措施，即治本的措施。令：让。所属：问题归属，即问题的根源。帛书甲、乙本均为"令之有所属"，楚简本也有"之"字。

见素抱朴：行为表现单纯，内心保持淳朴。见：表现。素：未染色的绢，指行为单纯。抱：保持。朴：淳朴，自然。

寡：稀少。

　　针对上一章提出的问题，本章给出了解决方案：既包括治标的措施（绝圣弃智、绝仁弃义、绝巧弃利），又包括治本的方案（见素抱朴、少私寡欲）。重点是治本。

二
十
章

绝学无忧。

唯（wěi）之与阿（hē），相去几何？美之与恶，相去若何？人之所畏，不可不畏。

荒兮，其未央哉！

众人熙熙，如享太牢，如春登台。我独泊兮，其未兆，如婴儿之未孩；傫傫（lěi lěi）兮，若无所归。众人皆有余，而我独若遗；我愚人之心也哉！沌沌兮。

俗人昭昭，我独昏昏；俗人察察，我独闷闷。澹（dàn）兮，其若海；飂（liù）兮，若无止。众人皆有以，而我独顽似鄙。我独异于人，而贵食母。

杜绝学习主观人为的东西就能做到无忧无虑。

被管理者与管理者，差距能有多少呢？美好与丑恶，差别又有多大呢？人所应该敬畏的（比如自然规律），不能不敬畏。

但现实（与之）差得远啊，没有尽头！

众人兴高采烈地追求富贵美好，像享受丰盛大餐一样痴迷陶醉，像春天登上高台欣赏美景一般踌躇满志。我独自安安静静，没有行动的迹象，好像婴儿还没有长成懂事的孩子；颓丧不得志啊，仿佛没有什么追求。众人都收获满满，而唯独我像丢了东西；我有颗愚笨的心啊！一副混沌不清的样子。

俗人看起来明明白白，我却表现得糊糊涂涂；俗人显得很精明，我却看起来笨乎乎。（我）安静恬淡啊，好像大海一样起伏有度；（俗人）欲望漂浮膨胀啊，好像没有止境。众人都觉得自己有作为，而我却顽固不化，好似不起眼。我偏偏与众人不一样，而是注重按照道的规律行事。

注 释

绝学：杜绝学习主观人为的东西，比如仁、义、礼等。学：学习，指学习主观人为的东西。

唯之与阿，相去几何：听从命令的普通人与下命令的管理者，贵贱差距能有多大呢？此处意思是不应该有多大差距。唯：遵从应答声"是"，这里指被管理者、群众。《论语·里仁》："子曰：'参乎！吾道一以贯之。'曾子曰：'唯。'"如：唯唯诺诺。之：虚词，无实际意义。阿：呵斥，指管理者、统治者。几何：多少。

美之与恶：美好与丑恶，既包括形象又包括行为。恶：

坏的，丑的。

若何：如何。

人之所畏，不可不畏：人所应当敬畏的（，比如生死、自然规律等），不能不敬畏，意思是人与人差别不大并不代表人可以为所欲为，而是要有敬畏之心，要有底线思维。

荒兮，其未央哉：（现实）差得远啊，没有尽头！荒：远。这里指理想与现实差得远。《广雅·释诂一》："荒，远也。"其：用于句中，无实义，起调整音节的作用。未央：没有尽头。央：尽。《诗经·小雅·庭燎》："夜如何其？夜未央。"

熙熙：热闹的样子。

太牢：丰盛大餐。古代祭祀时，猪、牛、羊都要有，称为太牢。

我：指遵循道的人。

独泊：独自安静。泊：安静，恬静。

兆：迹象，征兆。

儽儽：颓丧不得志的样子。很多古本作"乘乘"。二者意思相同。

无所归：无处可去，没有目标方向，指没有追求。

余：丰足。

遗：丢失。

沌沌：混沌不清。

俗人：世俗之人。俗：平庸的人，一般人。

昭昭：明明白白。昭：明白。

独：却，偏偏。副词，表示转折或强调。《论语·颜渊》："人皆有兄弟，我独亡。"

昏昏：糊糊涂涂。昏：糊涂。

察察：精明的样子。察：精明。东方朔《答客难》："水至清则无鱼，人至察则无徒。"

闷闷：昏暗不明。指不开化、不开窍、笨乎乎的样子。

澹兮，其若海：（我）安静恬淡啊，像大海一样波浪起伏有度。此处指心境的安静恬淡。澹：安静，恬淡。

飂兮，若无止：（俗人）欲望漂浮膨胀啊，好像没有止境。指欲望和追求无止境。飂：飘。傅奕本、范应元本为"飘兮，似无所止"。

有以：有作为。以：作为。《论语·为政》："视其所以，观其所由……"

顽：顽固。

鄙：粗鄙，不起眼。

贵食母：注重从大道中汲取营养，注重按照道的规律行事。贵：注重，重视。食：以……为食，汲取营养。母：万物之母，指道及其规律。

延伸解读

本章紧接上一段进行阐述，指出"绝学无忧"是解决前面问题的好办法。

首先描述在遵循大道的社会，人与人的关系朴实自然，不应该有贵贱之分、美丑之别，所遵循、敬畏的是自然法则。

　　随后采取对比的手法，形象地描绘了现实中行道者和世俗人的不同表现：俗人对于名利富贵趋之若鹜，收获满满，处事精明，大有作为；行道人却在名利富贵面前不为所动，在世俗人眼里只是因循守旧、无所作为、未开化的笨人。此章刻画了行道者面对红尘滚滚，时刻保持清醒的认识，不受诱惑，耐得住寂寞，守得住初心，矢志不移地践行大道的形象。

孔德之容，惟道是从。

道之为物，惟恍惟惚。惚兮恍兮，其中有象；恍兮惚兮，其中有物。窈（yǎo）兮冥（míng）兮，其中有精；其精甚真，其中有信。自古及今，其名不去，以阅众甫。

吾何以知众甫之状哉？以此。

最高境界的德的一切行为，完全遵从道。

道作为特殊的物，只存在于若明若暗的心灵感觉中。它若暗若明啊，能感知到它的形象；它若明若暗啊，能感知到它的存在。在深远、昏暗之处啊，有它的精华核心存在；这个精华核心非常真实，它在有规律地运行。从古到今，它有规律地运行的表现一直不变，让天下万物得以顺承它而产生。

我是如何知道天下事物产生时的情况的？就是根据这个。

注释

孔德：德之极也，最高境界的德。孔：很，甚，指程度。《诗经·周南·汝坟》："虽则如毁，父母孔迩。"德：遵道而行的品质。它不单单用于人，也用于世间一切事物。天有天德，地有地德，道的德称为玄德。德天生就有，所以是自然属性，称为"恒德"（见二十八章）。当人开始主观用事时，德就会减少，称为失德；当人完全按照主观行事时，就成了无德。

容：内容，容量。这里指"孔德"的一切作为。

惟道是从：宾语提前结构，即惟从道，只遵从道。惟：只。帛书本作"唯"。是：助词，句中宾语提前的标志，无实际意义。从：遵从。

孔德之容，惟道是从：类似于当今的"道德的最高境界是追求真理"。而道是真理中的真理，因而是德所追求、遵循的目标。

惟恍惟惚：若明若暗的不清晰状态。此处指心灵意识方面的感受。恍、惚：均指模糊不清的样子。

象：形象，样子。

窈：幽深，深远。

冥：昏暗。

精：精华，精核，本原。

有信：守信，有规律。信是规律的果，因为有规律，所以才被认为是守信的。如：日夜交替、四季轮回就是有信，所以万物遵循它。信：有规律。《管子·任法》："故圣君设度量，置仪法，如天地之坚，如列星之固，如日月之明，如四时之信。"

自古及今：从古到今。

其名不去：它守信的表现一直不变，指一直有规律地运行。名：名义，外在表现。不去：不放弃，指不变。去：放弃，舍弃。

以阅众甫：让天下万物得以秉承道的运行规律而产生。《康熙字典》："阅，禀也。甫，始也。"阅：承受、受命。众：世界上的一切事物。甫：开始，产生。《周礼·春官·小宗伯》："卜葬兆，甫竁，亦如之。"帛书本作"以顺众父"（使天下事物得以顺应而生。"父"通"甫"。顺：顺应，遵循）。

延伸解读

本章明确了道和德的关系，德是从属于道的，最完美的德只按照道的法则行事。道是真实存在的，且一直有规律地运行，正是因为有规律地运行，才使天地万物得以顺应产生，并按照规律运行发展。也就是说，道以一定的规律运行，从而产生世界万物，世界万物又是按照道的运行规律来运行和发展的。

二十二章

曲则全，枉则正；洼则盈，敝则新；少则得，多则惑。

是以圣人抱一为天下式。不自见（jiàn），故明；不自是，故彰；不自伐，故有功；不自矜（jīn），故长。夫唯不争，故天下莫能与之争。

古之所谓"曲则全"者，岂虚言哉？诚全而归之。

 译文

适应自然环境，就能安全生存；（面对天然障碍）弯曲绕行，顺势而为，就能继续沿着正确的方向前进。谦虚处下，就能汇聚更多的力量和支持；重视积累和付出，就会有成功和收获。（基本生存需求之外的）欲望少、追求少，（容易知足，）就会拥有正确的人生道路；欲望多、追求多，（容易被身外之物所蒙蔽，）就会迷失人生方向。

所以圣人坚持按道的规律办事，作为天下人的行为榜样。不局限于自己的见识（而是辩证统一地看问题），所以能够客观地认识世界；不自以为是（而是博采众长），所以能让正确的东西（做法）得到彰显；不自我夸耀，所以功绩会被众人认可；不自高自大（而是与民众和谐共处），所以治理能够长久。正因为不争，所以天下没有人能和他争。

古代所说的"曲则全"这句话，难道是空话吗？真正做到安全生存的人却都是这么做的。

曲则全：字面意思是身体、行为屈从于客观环境就能安全生存，指适应自然环境就能安全生存，即适者生存。这是正确处理人与自然关系的原则。曲：弯曲、屈从，指身体在大自然面前不能伸直时就要暂时弯曲，就像弯着腰过山洞一样，形象地表达了人类应该适应自然环境、遵循自然规律。全：安全，这里指安全生存。

枉则正：遇到不能克服的阻碍无法直行时，弯曲绕行就能克服困难继续沿着正确的方向前进。此处的意思是，在客观环境面前，要顺势而为，这好比黄河入海，经过了九曲十八弯。这是在遵循客观规律的基础上充分发挥人的主观能动性去做事的原则。枉：弯曲的、不直的，指在迂回曲折中前行。正：正确的道路或方向。王弼本作"直"，帛书本、傅奕本、范应元本作"正"。

洼则盈：地势低洼就有蓄满水的能力，指谦和处下就会汇聚力量，从而成长、壮大。洼：低洼，指谦虚处下。盈：充满。从小的方面看，谦虚处下能让人学到更多的东西；从大的方面看，谦虚处下能够汇聚民心。

敝则新：前期的付出会换来后期的成功。此处指做事有付出、有积累才会有收获。敝：旧，指旧事、之前做的事。新：新的变化，指进步、成功、收获等。

少则得：基本生存需求之外的欲望、追求少，就会拥有正确的人生道路。即追求越少活得越明白。少：追求少、欲望少、想要得到的少，其对象是基本生存需求之外的东西。得：得到，拥有，指拥有正确的人生。

多则惑：欲望多、追求多，就容易被身外之物所迷惑，忘了生命的意义。此处意指欲望越大、追求越多，就活得越糊涂。多：追求多、欲望多、想要的东西多，其对象是基本生存需求之外的东西。惑：迷惑，迷失，指迷失人生的方向。

抱一：坚持按道的规律办事。帛书本作"执一"。抱：保持，坚持。一：道的运行规律。见三十九章"昔之得一者"、四十二章"道生一，一生二，二生三，三生万物"。

天下式：天下的模式、榜样。式：标准，榜样。

不自见，故明：不局限于自己的主观见识，知道有不知道的存在，所以才能客观地认识世界。见：见识，见解。明：明白，指客观地认识世界。

不自是，故彰：不自以为自己是对的，而是广泛地听取意见，博采众长，所以才会让正确的东西（做法等）得到展现。这好比一个领导，多方听取大家的意见就会找到正确的方法，做出正确的决策。是：正确，对。彰：显示，揭示，指让正确的东西得到彰显。

不自伐：不自我夸耀。伐：夸耀。

不自矜：不自高自大。矜：骄傲，自高自大。

长：长久。

虚言：空话。

诚全而归之：真正做到安全生存的人，却都归功于此。诚：真正，确实。归之：归功于它，按照它去做。归：归属。之：指"曲则全"。

延伸解读

"曲则全"讲如何适应环境而生存，"枉则正"讲如何顺势而为，"洼则盈"讲如何成长壮大，"敝则新"讲如何成功，"少则得，多则惑"讲如何处理需求和满足的关系、树立正确的人生观。这些都是人生的重要原则。

"不自见，故明；不自是，故彰；不自伐，故有功；不自矜，故长"是圣人（最高领导者）的行事准则。"不自见"指不认为自己见识多，"不自是"指不认为自己水平高，"不自伐"指不认为自己功劳大，"不自矜"指不认为自己地位高，所以才有"夫唯不争，故天下莫能与之争"的结论。

二十三章

希言自然。

故飘风不终朝（zhāo），骤雨不终日。孰为此者？天地。天地尚不能久，而况于人乎？

故从事于道者，同于道；德者，同于德；失者，同于失。同于道者，道亦得之；同于德者，德亦得之；同于失者，道亦失之。

信不足焉，有不信焉。

少干预是自然之道。

因此，暴风刮起来不会超过一个早上，骤雨下起来不会超过一天。这些极端天气是谁干的？天地。天地尚且对极端天气不能维持长久，何况人呢？

所以按道行事的人，他的表现与道一致；按德行事的人，他的表现与德一致；按失道行事的人，他的表现与失道一致。表现与道一致的人，道也会成全他；表现与德一致的人，德也会成全他；表现与失道一致的人，道也失去对他的帮助。

信用不足了，也就有了不信任。

希言自然：少干预是自然之道。希：少。言：干预。自然：自然之道。道按照自身规律运行，万物遵循自然规律生存，所以不干预是自然之道。

飘风：暴风，狂风。

终朝：一个早上。终：整，全。朝：早晨。

骤雨：暴雨。骤：急速。

终日：一整天。

从事于：致力于，按……做。

德者，同于德；失者，同于失：这句是"从事于德者，同于德；从事于失者，同于失"的省略句。失：失道，不遵循道。

得之：让他得到帮助，成全他。王弼本为"乐得之"。

道亦失之：道也失去对他的帮助。王弼本为"失亦乐得之"。这句类似"得道多助，失道寡助"，但"道"的内涵不同。

故从事于道者……道亦失之：走什么样的道路就有什么样的表现，有什么样的表现就有什么样的结果。本段各古本皆有不同。请参看王弼本、帛书本等进行对比。

　　信不足焉，有不信焉：意思是统治者不按规律办事，所采取的政策就会出现错误，自然诚信不足，百姓也就不再信任他。

延伸解读

　　做事有因有果。按照道德行事，会得到道德的成全，自然会有好的结果。不按照道德行事，走错误的道路，就不会得到道德的帮助，自然下场不好。

二
十
四
章

　　企者不立，跨者不行。自见者不明，自是者不彰，自伐
者无功，自矜者不长。

　　其在道也，曰余食赘（zhuì）行。物或恶之，故有道者
不处。

　　踮起脚跟的人不能长久站立，跳着走的人行不了多远。局
限于自己见识的人不能客观地认识世界，自以为是的人不能让
正确的东西得到彰显，自己夸耀自己的人不会让人感念他的功
劳，自高自大的人（与民众搞对立），治理不会维持长久。

　　这些行为从道的角度，叫作剩饭和身上的瘤子。人们都
厌恶它们，所以有道的人不会这样做。

　　企：踮起脚跟。

立：站立。

跨：跳过，跳着走。

行：行走。

自见：局限于自己的见识。见：见识，见解。

自是：自以为是。是：正确，对。

自伐者无功：自己夸耀自己的人会招致大家的反感，因而没有人再去感念他的功劳。意思是功劳被他自己说尽了，也就不用大家记住了。伐：夸耀。

矜：骄傲，自高自大。

余食：剩饭。

赘行：身上的瘤子。赘：长在皮肤上的瘤子。行：通"形"，形体。

物：众人，人。

或：强调词。

恶：讨厌，厌恶。

有道者：按道行事的人。

延伸解读

本章是上一章的延续，列举了非常态行为的错误所在，与二十二章相呼应。

二
十
五
章

有物混成，先天地生。寂兮寥兮，独立不改，周行而不殆，可以为天下母。

吾不知其名，字之曰道，强为之名曰大。大曰逝，逝曰远，远曰反。

故道大，天大，地大，王亦大。域中有四大，而王居其一焉。人法地，地法天，天法道，道法自然。

 译 文

有个事物是混沌状态，在天地形成之前就已经存在。它没有声音，没有形迹，独立稳定，循环运行而且永不停息，可以把它作为创造、运行天地万物的主体。

我不知道它叫什么，用个字表示叫"道"，勉强起个名叫"大"。"大"的意思是能够运动，运动能够长久，长久

二十五章 | 075

的运动以循环往复的方式进行。

　　所以，道具有大的特征，天具有大的特征，地具有大的特征，按照法天则地的王道生存的人类也具有大的特征。这个世界上有四个称得上"大"的存在，实行王道治理的人类是其中之一。（四者的关系是）人遵循地的运行规律，地遵循天的运行规律，天遵循道的运行规律，道遵循自身固有的运行规律。

　　有物混成：有个事物是混沌状态。混沌：似有非有、似无非无的形态，类似于看不见的细微粉尘悬浮在真空中的状态。成：结构，状态。

　　寂：没有声音。

　　寥：没有形迹。

　　殆：通"怠"，懈怠，停顿。"周行而不殆"，帛书本、楚简本均没有此句。

　　母：指创造、运行天地万物的主体。

　　强：勉强。

　　大曰逝，逝曰远，远曰反："大"表示能够运动，运动能够长久，运动长久以循环往复的方式进行。也就是说，"大"有三个特点：一是能够运动，二是能够长久运动，三是以循环往复的方式运动。逝：运动，运行。远：久远，指时间漫长。反：反复，循环往复。

　　王：以法天则地的王道治理天下，此处指遵循王道治理的人类。见十六章"公乃王"。

王亦大：遵循王道治理的人类也符合"大"的特征。人
类的生存发展活动属于运动，符合"逝"的特点；遵循规律
的生存发展能够长久，符合"远"的特点；生存发展方式是
代代相传、生生不息的，符合"反"的特点。此处指从道到
天、从天到地、从地到遵循规律的人是一脉相承的。

域：我们生存的领域，指这个世界。

人法地：人类遵循地的运行规律、顺应地的客观环境。
法：效法，按照，遵循。

道法自然：道遵循自身固有的规律。自然：自身固有的
规律。"道法自然"说明道一直是运动的，而且是按照自身
固有的规律运动的，天地万物不过是道在规律运行中的演化
形态，而且不是最终形态，它还在继续演化之中。

延伸解读

"人法地，地法天，天法道，道法自然"是世界运行的
秩序，也是《道德经》这本书贯穿始终的主线。

人生活在大地上，是大地的一部分，所以要适应大地的
环境，遵循大地的运行规律；大地是天（宇宙）的一部分，
所以自然要遵循天的运行法则；天地产生于道，所以按照道
的运行法则运行；道是按照自身固有规律永恒地运行（独立
不改，周行而不殆）。

摆正位置很重要。

二十六章

重为轻根，静为躁君。

是以圣人终日行，不离辎重。虽有荣观，燕处超然。

奈何万乘（shèng）之主，而以身轻天下？

轻则失本，躁则失君。

稳重是制约轻率的根本，秉持为生存而活动的原则是制约妄动的主宰。

所以圣人即使出行一天也不会远离生活必需品。即使做出光彩的事情、看到美好的景色，也会像燕子对待这些事情那样（与己无关），超然物外。

为什么拥有万辆战车的大国君主却用自己的轻举妄动对待天下呢？

轻率就背离了稳重处事的根本，妄动就违背了为生存而活动的原则。

重：稳重。大地的特色就是厚重，"人法地"就是要稳重。

轻：轻率，轻举妄动。

静：为了生存而活动，是人类生存应当遵循的准则。见十六章"归根曰静"。

躁：躁动，妄动。

君：主宰，统治。

圣人：王弼本作"圣人"，其他古本多为"君子"。

终日：一整天。

辎重：古代泛指外出时携带的箱笼包裹，这里指生活必需品。辎：古代一种有帷盖的大车。

荣：光荣、光彩的事情。

观：供人游览的景致、景色。

燕处：如同燕子对待这些事情那样毫不在意。意思是燕子对人类人为的东西和爱好不感兴趣，它们只为了生存而忙碌。处：对待。

奈何：怎么能，为什么。

万乘：拥有一万辆战车的大国。乘：四匹马拉的战车。

失：背离，离弃。《孟子·尽心上》："故士穷不失义，达不离道。"

本：根本，指前文"重为轻根"的根，即稳重。

君：指前文"静为躁君"的君，即静。

延伸解读

大地的特点是博厚、稳重。所以，效法大地从稳重做起。

稳重是一切活动的根本，处静是一切行为的主宰。

人效法大地，以稳重为本，防止轻率；处事以"静"为遵循，避免妄动。做到以重制轻，以静制动。

就如一棵树，如果将道比作根，天地就是主干，万物就是枝叶。正因为有根和主干的稳固支撑，枝叶才有有限的活动自由。如果叶子脱离了树木，结局只有一个。万物亦如此。

善行者无辙迹，善言者无瑕谪（xiá zhé），善数者不用筹策，善闭者无关楗（jiàn）而不可开，善结者无绳约而不可解。

是以圣人恒善救人，故无弃人；恒善救物，故无弃物，是谓袭明。

故善人，不善人之师；不善人，善人之资。不贵其师，不爱其资，虽智大迷。是谓要妙。

善于行事的人（遵循自然规律，不标新立异），不会留下人为的学说、名声等痕迹；善于教化的人（不把自己的意志强加给社会，任由民众自然生活），所以没有过失；善于计算的人（欲望少，不计较个人得失），不用计算工具为自己算计；善于抵御外来诱惑的人（安于清净之道），不用关起门与外界隔离，也不会被红尘侵扰；善于凝聚民心的人（一切为了人民），不用规矩去约束人民，与民众的紧密关系也不会解除。

因此圣人总是善于挽救人，所以没有人被遗弃；总是善于发挥物的作用，所以没有无用之物。这就是秉承大道行事的明智做法。

所以，善于按规律办事的人，是不善于按规律办事的人的榜样；不善于按规律办事的人，是善于按规律办事的人的借鉴。既不重视向榜样学习，又不喜欢借鉴教训，这样的人即使看起来聪明，其实非常糊涂。这是关键所在。

注释

善行者无辙迹：善于行事的人遵循自然规律，不标新立异，不会留下人为的学说、名声等痕迹。大道运行不留名，日月运转不留迹，正是如此。王弼本无"者"，下四句同。行：行事，行进。辙迹：痕迹，特指学说、理论、事迹、名声等人为的东西。

善言者：善于教化的人。言：教化。

瑕谪：玉的斑痕，这里指过失、缺点。帛书本作"瑕适"。

善数者：善于计算的人。数：计算。

筹策：古代计数用的筹码、工具。

善闭者：善于抵御外来诱惑的人。闭：禁绝，阻断，指抵御外来诱惑。《吕氏春秋·君守》："中欲不出谓之扃，外欲不入谓之闭。"（意思是：内心的欲望不显示出来叫作扃，外面的欲望不进入内心叫作闭。）

关楗：关上门，插上门闩。楗：门闩。

善结者：善于凝聚民心的人。结：凝结，凝聚。

绳约：用规矩约束。绳：法规，规矩。约：约束，制约。

解：解体，分开。

恒：王弼本作"常"，总是。下句同。

救人：挽救人，让迷失生活方向的人重新走上正道。

袭明：秉承大道的明智做法。袭：承袭，秉承，遵循。

善人：善于按道行事的人，善于按规律办事的人。王弼本为"善人者"，帛书等其他古本多无"者"字。"不善人"，王弼本为"不善人者"。

师：榜样。

资：凭借，借鉴，指引以为鉴的教训。

贵：重视。

虽：即使，纵使。

要妙：关键。要：关键，要领。妙：妙处。

延伸解读

善于行道的人，做事就像行云流水一般逍遥，成功就像水到渠成一样容易。这是因为遵循大道的缘故。

　　在人生的道路上，我们既要向成功者学习，又要借鉴失败者的教训；既要看到成功者的光鲜，又要看到其成功背后的付出；既要看到失败者的不幸，又要看到其失败后面的原因。这是很重要的。这也是对"玄之又玄"的具体应用。

　　对于"善行者无辙迹"，可以进一步理解为：大宇宙的自然界，天地运行，寒来暑往，风吹云游，雪飘雨降；小宇宙的身体，五脏六腑各司其职，默默运行，井然有序。比如青春痘，是身体发育的阶段表现，善者任其自然，长了会自然消除，皮肤不留痕迹；不善者又抓又挤，反而留下疤痕。所以，顺应自然最好。

二十八章

知其雄，守其雌，为天下溪。为天下溪，恒德不离，复归于婴儿。

知其白，守其黑，为天下式。为天下式，恒德不忒，复归于无极。

知其荣，守其辱，为天下谷。为天下谷，恒德乃足，复归于朴。朴散则为器，圣人用之，则为官长。故大制不割。

知道雄性的争强好动，而要坚守雌性的好静不争，做像天下溪流一样谦和处下的人。做像天下溪流一样谦和处下的人，固有的遵道而行的品质就不会离去，最终达到如婴儿一般柔和不争的境界。

知道自然界是光明等生存条件的提供者、万物的养育者，而坚守被养育者的定位，做天下遵循自然规律的榜样。做天下遵循自然规律的榜样，固有的遵道而行的品质就不会出现差错，最终达到与整个自然界融为一体的境界。

知道荣誉是人们喜欢的东西，却坚持选择承担责任和过失，做天下山谷一样能包容的人。做天下山谷一样能包容的人，固有的遵道而行的品质就是充足的，最终达到与大道的朴实自然相一致的境界。大道朴实自然的品质传播到人身上，人就成为有用之材，圣人任用他们，（他们）就成为管理社会的行政长官。因此，以道为核心的世界运行机制就会一脉相承，不会割裂。

注 释

知其雄，守其雌：知道雄性好强、雌性不争的特点，选择按照雌性的特点去做。雄：雄性，指争强好动的一类人。守：坚守，遵守。雌：雌性，指安静不争的一类人。

溪：溪流，小溪，指如同溪流一样柔和处下。

恒德：一切事物固有的遵道而行的自然品质。恒：固有的，不变的，王弼本作"常"。德：遵道而行的品质。

复归于：回复到，最终达到。

婴儿：像婴儿一样柔和不争。

白：光明之源，指为万物提供光明等生存条件的自然界。

黑：不发光的东西，指需要依赖自然界生存的人和万物。

忒：差错。

无极：无极的世界，指世界整体。

荣：光荣，荣誉。

辱：过失，责任。《左传·成公十七年》："大夫无辱，其复职位。"

谷：两山之间的宽阔空间，指像山谷一样包容。

足：充足。

朴：朴实，自然。

散：散布，传播。

器：有才干的人，有用之材。

官长：行政长官。官：官府或官员。长：长官。

大制：以道为核心的世界运行机制。

不割：不割裂，不走样。

延伸解读

本章讲了为人处世的三个方面：

"知其雄，守其雌"，阐述怎样做人、怎样处理人与人之间的关系，提出要做一个像婴儿一样纯朴的人。

"知其白，守其黑"，阐述怎样处理人与自然的关系，提出要正确定位、遵循客观规律、与自然融为一体。

"知其荣，守其辱"，阐述怎样做社会的管理者、怎样处理与社会的关系，提出要做一个有包容、有担当的领袖，像大道一样。

正是因为有秉持大道的人管理天下，人类才会与大道一脉相承。

二十九章

将欲取天下而为之，吾见其不得已。天下神器，不可为也。为者败之，执者失之。

凡物或行或随，或嘘或吹，或强或羸（léi），或培或隳（huī）。

是以圣人去甚、去奢、去泰。

 译文

想要得到天下并按照自己的想法去治理它，我看他不会成功。天下是不以人的意志为转移的客观存在，不是人所能随意操控的。按照自己的想法去治理天下的人会遭受失败，按照自己的意愿去掌管天下的人会失去天下。

一切事物，有的生性主动，如行走在前，有的生性被动，如跟随在后；有的事情处理要缓慢柔和，像轻轻嘘气，有的事情处理要迅速果断，像急速吹气；有的个体身体强壮，有的个体身体瘦弱；有的事物正在培育发展，有的事物走向毁灭。

所以圣人治理天下不会采取极端的、过度的、我行我素的做法。

注释

将欲：想要。

取：得到。

为之：按照自己的意愿去治理它。与"无为"相对。

见：看。

不得已：不会得手，不会成功。已：完毕，完成。

神器：神奇的器物，不以人的意志为转移的客观存在。

执：掌管，主持。刘安《淮南子·说山训》："执牢狱者无病。"

凡物：一切事物。很多古本作"凡物"，王弼本作"故物"。凡：凡是，一切。物：万物，事物，包括人。

行：行走在前，引领。指行为主动。

随：跟随。指行为被动。

嘘：轻轻地吹气，指处理事情缓慢柔和。王弼本作"歔"。

吹：急速地吹气，指处理事情快速果断。

或嘘或吹：指有的事情处理起来要轻轻进行，如同柴火刚刚点着，要轻轻地吹气送风，否则风大就把火吹灭了；有的事情处理要急速进行，如同熄灭蜡烛，要猛吹一口气。整个四句话的意思是：事物纷繁复杂，各有特点，不能用统一的标准去要求。

羸：瘦弱。

或培或隳：有的正在建造，有的正被拆除。培：培土，指建筑物的建造、人的培养、政策的制定等。隳：毁坏，指建筑物的毁坏、人的衰亡、政策的废除等。帛书本作"或陪或堕"，"陪"通"培"，"堕"通"隳"。王弼本作"或挫或隳"，其他古本多为"或培或堕"或者"或载或隳"。

甚：极端的，指一刀切的极端政策。

奢：过分，过度，指超出常规的措施。

泰：骄纵，指我行我素。

延伸解读

天下万物千姿百态，行为千差万别，各有生存之道。管理者想凭自己的标准和有限的能力去进行一刀切式的管理是行不通的。

所以，尊重自然规律，尊重个体差异，采用因循自然的无为之道才是正确的做法。

三十章

以道佐人主者，不以兵强天下。其事好还（huán）。师之所处，荆棘生焉。大军之后，必有凶年。

善有果而已，不敢以取强。果而勿矜，果而勿伐，果而勿骄，果而不得已，是谓果而勿强。

物壮则老，是谓不道，不道早已。

用道来辅佐君王治理天下的，不依靠武力称霸天下。战争会有严重的后果。军队待过的地方（，农田破坏），荆棘丛生。大的战争过后（，人力受损，粮食缺乏），必定有灾难的年景。

（使用武力）善于实现特定的目的而已，不敢用武力来逞强。达到目的后不自大，达到目的后不夸耀，达到目的后不骄横，用武力达到目的是迫不得已的事情，这就叫作为了达到目的而不是为了以武力逞强。

事物强盛了（占用大量资源、耗费诸多物力而不可持久），就会走向衰败，这是不符合道的，不符合道的东西会提前终结。

注释

人主：君主。

兵：军队，武力。

强：逞强，称霸。

其事好还：战争这种事情会有严重的后果。其：这，指前面所讲的"兵强天下"。好：会，往往，表示物性或事理的发展趋势、倾向。还：还报，报应，指反作用、副作用。本句是讲因果关系。

师之所处：军队待过的地方。师：军队。

凶年：不好的年景。此处指战争让青壮年劳力死伤严重，耽误了生产，人们连最基本的吃穿都成问题。凶：灾难，不吉利。古有"大战之后有大灾"之说。

善有果：善于取得特定的结果，善于实现特定的目的。有：取得，获得。果：结果，目的。这个目的自然是以道治天下为核心的。

矜：自大。

伐：夸耀。

骄：骄横。

果而不得已：用武力达到目的是迫不得已的事情。如抵御侵略、平息叛乱等。

是谓果而勿强：这就叫作为了达到目的而不是为了以武力逞强。王弼本作"果而勿强"。

物壮则老：事物强盛了就会走向衰败。壮：强盛。军队强盛不是事物应有的常态，需要聚集大量人力物力来支撑，透支国力，所以容易导致衰败。

早已：早结束。已：停止，结束。

延伸解读

上一章讲了不能以"有为"的方式获取、治理天下。而用军事手段则是"有为"中的最极端行为。所以本章和下一章重点对军事手段进行批判。

本章讲述了战争带来的危害，以及战争是在不得已的情况下为了实现特定目标而采取的手段，决不能把战争作为夺取天下、逞强天下的手段。

三十一章

夫兵者，不祥之器。物或恶之，故有道者不处。

君子居则贵左，用兵则贵右。兵者，不祥之器，非君子之器，不得已而用之，恬淡为上。胜而不美，而美之者，是乐杀人。夫乐杀人者，则不可以得志于天下矣。

吉事尚左，凶事尚右。偏将军居左，上将军居右，言以丧礼处之。杀人之众，以悲哀泣之。战胜，以丧礼处之。

武力这东西，是不吉利的工具。大家很厌恶它，所以有道的人不会把它作为常规的手段对待。

君子平常以左为贵，用兵作战时则以右为贵。武力是不吉利的手段，不是君子的手段，在迫不得已的时候才用它，最好淡化它。赢得战争后不要美化它，如果去美化战争，就是喜欢杀人。喜欢杀人的人，是不会得志于天下的。

吉祥的事情以左为上，不吉利的事情以右为上。偏将军的位置在左面，上将军的位置在右面，就是说用办丧事的仪式对待战争。杀人多了，要用悲哀的仪式悼念死难者。战胜了，要用办丧事的仪式处理。

注释

夫兵者：武力这东西。王弼本作"夫佳兵者"。夫：语气词，用于句首，引发议论或者对某事进行判断，无实义。

不祥：不好，不吉利。

器：工具，器具。

物：众人，人。

或：语气词，表示强调。

处：处置，对待。

居：平常，平时。《论语·先进》："居则曰：'不吾知也！'如或知尔，则何以哉？"

不得已而用之：在迫不得已的时候才用它。与三十章"果而不得已"相呼应。《孙子兵法·火攻篇》："故曰：明主虑之，良将修之。非利不动，非得不用，非危不战。主不可以怒而兴师，将不可以愠而致战。合于利而动，不合于利而止。怒可以复喜，愠可以复悦，亡国不可以复存，死者不可以复生。故明君慎之，良将警之，此安国全军之道也。"

恬淡为上：最好淡化它。恬淡：淡化。

得志：得其所愿，成功。

尚左：崇尚左侧，以左为上。

凶事：灾殃，不吉利的事。

偏将军：偏将，副将。

上将军：古时的三军主帅。

言：就是说，意思是。在文言文中，用来解释引文、词语或某种现象的发端词。

悲哀泣之：用悲哀的仪式悼念死难者。泣：哭泣，这里指悼念。之：死难者。"悲哀"，王弼本作"哀悲"。

延伸解读

本章延续上一章，阐述战争不是有道之人治理天下所拥有的手段，是非正义的。但是，在反抗侵略等情况下而不得不用时，要把战争当作办丧事一样，是悲痛的事情、没有办法的事情。并强调指出，那些热衷于发动战争的人，其实是刽子手，这样的人是不配当人君的。

三十二章

道恒无名、朴，虽小，天下莫能臣也。侯王若能守之，万物将自宾。

天地相合，以降甘露，民莫之令而自均。

始制有名，名亦既有，夫亦将知止，知止所以不殆。

譬道之在天下，犹小谷之于江海。

道一直默默无闻、朴实自然，虽然不起眼，天下却没有能支配它的。侯王如果能按照道的规则行事，万物自然会服从管理。

天地相互配合，以此降下好雨，没有谁命令它们却能做到自然均衡。

世界一开始就有了规则并确定了天地万物各自的名分。名分既然已经确定，那么就要知道适可而止，知道适可而止所以不会有危险。

打个比方，道在天下的作用，如同让小水流（顺着河道）流向江海。

注释

恒：一直，永远。王弼本为"常"。

无名：默默无闻，没有名气，不展现自我。

朴：朴实，自然。

小：微不足道，不起眼。

臣：使之臣服，支配。"天下莫能臣也"，除了王弼本，其他古本多为"天下不敢臣"。

侯王：泛指天子及诸侯。在周代，贵族爵位分为公、侯、伯、子、男五等，五等爵均世袭罔替，封地均称国，在封国内行使统治权。

守：遵守，按照。

宾：服从，归顺。"侯王若能……将自宾。"意思是侯王按照道的法则行事，万物也按照自然法则生存，两者一致，万物（人）自然会服从侯王的治理。《国语·楚语上》："蛮夷戎狄，其不宾也久矣。"

天地相合：天地相互配合。合：配合，相互作用。

以：以此，因而。

甘露：及时雨，好雨。甘：好，及时。《诗经·小雅·甫田》："以祈甘雨，以介我稷黍。"露：雨露。

莫之令：即莫令之，没有谁命令它们。莫：没有谁。

之：它们。令：命令。

始制有名：世界在一开始就有了规则并确定了天地万物的名分。始：开始，指世界一开始。制：规则，制度。有：存在，确定。名：名分。

亦：语气词。下一个"亦"与之相同。

夫：那么。

将：要。

止：适可而止，指行为有限度、底线。

知止所以不殆：王弼本作"知止可以不殆"，帛书本、楚简本、范应元本等古本作"知止所以不殆"。

譬：譬如，打比方。

道之在天下：道对于天下而言，道在天下的作用。

犹小谷之于江海：犹如小河（顺着河道）流向江海。犹：犹如。谷：水流，河流。王弼本为"川谷"，帛书本为"小浴"，楚简本为"少浴"。"浴"通"谷"，意为"水流"。之：动词，往，到。于：介词，引出动作的处所，相当于"向"。《尚书·大诰》："予惟以尔庶邦于伐殷逋播臣。"

延伸解读

道按照规律运行世界，万物既要因循规律，又要正确定位，不要越界，就像小河之水沿河道流向江海。

道对于万物，既包容又规范，使万物沿着既定方向前行。

知人者智，自知者明。

胜人者有力，自胜者强。

知足者富。

强（qiǎng）行者有志。

不失其所者久。

死而不亡者寿。

了解别人的人聪明，了解自己的人明智。

胜过别人的人有能力，能够自我管控的人强大。

知道满足的人富有。

努力践行的人有志气。

不背离正确的人生道路的人能够长久。

生命结束但精神存在的人长寿。

知：了解，知道。

智：聪明。

明：明智，高明。

胜人：胜过别人。胜：克制，战胜。

有力：有能力。

自胜：克制自己的欲望和冲动，能够自我管控。

强：强大。

富：富有。原意是指拥有财富多，这里指财物不在多，在于能满足基本需求。

强行：尽力前行，努力践行。强：竭力，尽力。

不失其所：不背离其应当遵循的生活道路。失：背离，离弃。《孟子·尽心上》："故士穷不失义，达不离道。"所：代词，所应当遵循的东西，指正确的人生道路。

死而不亡：生命结束，精神长久。帛书甲、乙本均作"死而不忘"。亡：灭亡。

寿：本义为长久，此处指活得长久。

延伸解读

三十二章讲了，道在世界开始时就制定好了运行规则和万物的名分。本章讲作为人类个体怎样做好自己：要自知、自胜、知足、笃行、守道、长久。

三十四章

大道氾兮，其可左右。

万物恃之而生而不辞，功成不名有，衣养万物而不为主，恒无欲，可名于小。万物归焉而不为主，可名为大。

以其终不自为大，故能成其大。

大道无处不在啊，它就在我们的身边。

万物依靠它生存，却从来不说什么；帮助万物成功却不归在自己名下；保护、养育万物却不做他们的主宰，就这么一直默默无闻、不表现自我（，因此常常被人忽略），从这个意义上可把它称为渺小。万物都归属于它，它却不把自己当作万物的主宰（，以这样的胸怀气度），可把它称为伟大。

因为它从来不以为自己伟大，所以成就了它的伟大。

氾：通"泛"，广泛，指广泛存在、无处不在。

左右：在身边。

恃：凭借，依赖。

辞：告知，告诉。《周礼·夏官·太仆》："王不视朝，则辞于三公及孤卿。"

名有：以自己的名义占有，归于自己名下。名：以自己的名义。《史记·商君列传》："明尊卑爵秩等级，各以差次名田宅。"

衣养：保护、养育。衣：覆盖，指提供庇护场所、保护。养：养育。

恒无欲：一直没有展现自己的欲望，一直表现得无欲无求。帛书本作"则恒无欲也"，傅奕本、范应元本作"故常无欲"。恒：王弼本作"常"。

可名于小：可以称之为渺小。名：称。小：渺小，不易引发关注。

万物归焉而不为主：万物都归属于它，它却不把自己当作万物的主宰。此处指胸怀宽广。

以其终不自为大，故能成其大：因为它从来不以为自己伟大，所以成就了它的伟大。以：因为。终：始终，从来。该句帛书甲、乙本皆为："是以圣人之能成大也，以其不为大也，故能成大。"

延伸解读

　　本章讲述了道的高尚品质，也是对一章"恒无欲，以观其妙"的具体阐述。

三十五章

执大象，天下往。往而不害，安平太。

乐与饵，过客止。道之出口，淡乎其无味，视之不足见，听之不足闻，用之不足既。

秉持道的精神去治理天下，天下人都会来归附。天下归附一心就不会相互妨害，社会才会实现和平安定。

娱乐、美食等各种诱惑，会让意志不坚定的行道者中途放弃。（与诱惑相比，）道表达起来，平淡得没有什么滋味，看也看不见，听也听不着，但用起来无穷无尽。

执大象：秉持道的精神治理天下。执：秉持，遵照。大象：道一样的格局，大局。大：像道一样大的。象：形象，样子。

天下往：天下归附。往：归向，归附。《汉书·刑法志》："从之成群，是为君矣；归而往之，是为王矣。"

而：因而，所以。

害：妨害，妨碍。

安：乃，才。

平：和平。

太：通"泰"，安定。帛书本、楚简本为"大"。傅奕本、范应元本等古本为"泰"。在古代，"大""太""泰"相通。

乐与饵：音乐和美食，指各种诱惑。

过客：道的访客，指意志不坚定的行道者。

止：停下，放弃。

道之出口：道表述起来。出口：表述，说出来。

淡乎其无味：平淡得没什么滋味。指讲出来的道与音乐、美食等相比，没什么滋味可言。

足：能够。

既：尽。

延伸解读

前几章讲述了道对世界规则的设置、道的自我表现，本章联系治理天下进行阐述。只有秉持道的精神，才能做到万物归附，朝着一个共同方向前进，实现社会和平安宁。和平安宁是最大的福，只有和平安宁了，才谈得上其他幸福。

同时强调，做到这一点并不容易，因为世界上的诱惑太多。

三十六章

将欲噏（xī）之，必固张之；将欲弱之，必固强之；将欲废之，必固兴之；将欲夺之，必固与（yǔ）之。是谓微明。

柔弱胜刚强。鱼不可脱于渊。国之利器不可以示人。

 译文

想要对某件事情采取收敛措施，一定是原来已经对它采取了扩张措施；想要对某件事情采取削弱措施，一定是原来已经对它采取了强化措施；想要废止某件事情（如政策），一定是原来已经实施了；想要剥夺某个东西（如权力），一定是原来已经给予了。这就是处理具体事务的明智做法。

（处事的方式）柔顺和缓胜过刚硬强势。像鱼不可以离开深水（一样不要以身涉险）。国家的武装力量不可以用来威胁人。

将欲噏之，必固张之：想要收敛它，必然本来是扩张的。意思是要采取收敛措施，一定是原来采取的扩张行为已经达到目的或者失去继续存在的必要。就好比，为了反击侵略把敌人赶出国境，敌人投降后要及时收兵，不能由反击侵略演变成侵略。指做事要根据形势发展的需要有针对性地做出调整，不无的放矢。下面三句也是这样，都在阐述处理具体事务的原则。将欲：想要，打算。噏（xī）：收敛。王弼本作"歙（xī）"，帛书本作"擒（xié）"，两者意思相同。之：泛指某个事物。固：本来，原本。张：扩张。

将欲弱之，必固强之：想要削弱它，必然本来是加强的。比如，国家因边疆形势紧张而增强了守备力量，后来形势缓和了，就要弱化军事力量，恢复到平时的水平。弱：削弱，弱化。强：加强，强化。

将欲废之，必固兴之：想要废止它，必然本来是施行的。比如，某个区域或某个时期因发生特殊情况而实施特殊政策，等到特殊情况消除了，特殊政策就要废止。废：废除，废止。兴：兴办，施行。

将欲夺之，必固与之：想要剥夺它，必然原本是赋予的。比如，朝廷赋予某个官员钦差大臣的特权去处理某件事情，任务完成后，就要及时收回特权。夺：剥夺，罢免。与：给予，授予。范应元本、《韩非子·喻老》均作"将欲取之，必固与之"。

微明：处理具体事务的明智之举。微：微观的，具体的，这里指处理具体事情、具体政务。明：明白，明智。

柔弱胜刚强：柔顺缓和的做法胜过刚硬强势的做法。胜：胜过，优于。刚强：指刚硬强势、简单粗暴的做派。

鱼不可脱于渊：鱼不可以离开深水，否则就危险了。比喻做事安全第一，不要以身犯险。脱：离开。渊：深水。

国之利器不可以示人：国家的武装力量不可以用来威胁人。国：帛书本作"邦"。利器：武器，指武装力量。示人：出示给别人看，指威慑别人。示：出示。人：既指本国民众，也指别的国家。

延伸解读

第一段讲做事有根据、讲因果。处理具体事务，应当根据事情的发展变化采取相应的措施，不可凭主观想象、无中生有，也不可冥顽不化、墨守成规。特别是对于临时性的非常态的举措，在其完成使命后要及时恢复到原有的常态。

保持事物的自然常态才是正道。

三十七章

道恒无为而无不为。侯王若能守之，万物将自化。化而欲作，吾将镇之以无名之朴。无名之朴，夫亦将不欲。不欲以静，天下将自定。

　　道一直按照自身固有的规律运行，因而它所做的事没有什么是不应该做的。侯王如果遵守道的运行法则，万物将会自然生存发展。在生存发展过程中，主观妄为发作了，我们就用无名的自然法则进行克制。无名的自然法则，就是带领万物不要主观妄为。不主观妄为达到"静"（为了生存而活动）的状态，天下自然安定了。

注释

道恒无为：道一直按照自身规律运行。恒，王弼本作"常"。无为：此处指道按照自身固有的规律运行而不随意改变。道的"无为"和万物的"无为"是有区别的，道是遵循自身规律运行，万物是遵循以道为核心的自然规律而为。

无不为：（道所做的事）没有什么是不应该做的、不恰当的，都符合其自身规律。

自化：自然化育，指按照自然之道生存发展。化：化育，发展。《增修互注礼部韵略》："凡以道业诲人谓之教。躬行于上，风动于下，谓之化。"

欲作：主观欲望发作。作：产生，发作。

吾：我，我们，指按自然规律管理社会的有道之士。

镇：克制。

无名之朴：无名的自然法则。无名：没有名字，叫不上名字。

夫：语气词，用于句首，对某事进行判断，无实义。

亦将不欲：就是带领万物不主观妄为。亦：语气词，表示强调。将：带领。《淮南子·人间训》："将胡骏马而归。"不欲：不主观妄为，不随心所欲。王弼本作"无欲"。

不欲以静：不主观妄为达到"静"的状态。静：为了生存而活动。见十六章"归根曰静，是谓复命"。

自定：自然安定。自：自然。《史记·李将军列传》："桃李不言，下自成蹊。"定：稳定，安宁。

道的无为是按自身固有规律运行，天地万物的无为则是基于道的运行规律去活动。一个是主导，一个是顺应，都以"无不为"作为行为的最高境界。道是以自身的规律运行对天地万物无不为，天地万物只要遵循以道为核心的客观规律，就会达到自然而然的境界。一句话，行为是有限度的，在限度内可以自由发挥能动性，都是符合规范的。

客观规律包括人身体运行的规律、社会运行的规律等，它自我运行，不是人的意志能决定的。

三
十
八
章

上德不德，是以有德；下德不失德，是以无德。

上德无为而无以为，下德为之而有以为。上仁为之而无以为，上义为之而有以为，上礼为之而莫之应，则攘臂而扔（rèng）之。

故失道而后德，失德而后仁，失仁而后义，失义而后礼。

夫礼者，忠信之薄而乱之首。前识者，道之华而愚之始。

是以大丈夫处其厚，不居其薄；处其实，不居其华。故去彼取此。

上乘的德，不会故意表现出有德的样子，所以有德；下乘的德，故意表现出有德的样子，所以无德。

上乘的德顺应自然而为，因而是无心的；下乘的德按照主观意愿而为，因而有主观企图。上乘的仁按照主观意愿而为（但是属于内心恻隐的油然而发），因此没有主观企图；上乘的义按照主观意愿而为，因而有主观企图；上乘的礼按照主观意愿而为，如果得不到遵守，就会挽起袖子伸出手臂去强迫就范。

所以治理天下，失去了道然后用德，失去了德然后用仁，失去了仁然后用义，失去了义然后用礼。

用礼来治理天下的时候，忠于大道及其规律、取信于民的治理理念已经被轻视，而且社会已经开始走向混乱。把前人行道的认识和做法当作行道标准的时候，行道已经流于形式，而且社会已经开始走向愚昧。

所以大丈夫处在重视忠信的一方，而不轻视忠信；实实在在践行大道，而不搞形式主义。所以抛弃无德的做法，走有德之路。

注 释

上德：上乘的德，上好的德。上：上等的，等次高或品质好的。德：遵道而行的品质（属性）。用德来调整社会关系，属于自然范畴。

无为：顺应自然而为。

而：因而，所以。表示因果关系。

无以为：无意的，无心的。以为：打算，企图。

为之：按照主观意愿去做事，按照主观意愿去治理社会。帛书本无"下德为之而有以为"句。

上仁为之而无以为：上乘的仁按照主观意愿去作为，情感油然发自内心的恻隐，并没有主观目的。上仁是介于有德和无德之间的特殊存在，虽然行为是发自恻隐之心，属于主观范畴，却没有主观企图，所以既不完全属于"无为而无以为"的上德（有德），也不完全是"为之而有以为"的下德（无德）。但"下仁"打着"仁"的旗号，是彻头彻尾的"无德"。

仁：对人亲善，指用仁来调节社会关系。仁源于家庭成员间的相亲相爱，后引申为对所有人亲善的一种社会理念。

义：合乎情理、规范的行为或理念；用情理、规范来调整社会关系。

礼：等级社会中用来规范社会行为的典章制度。在周朝，礼主要用来规范上层社会秩序。

而莫之应：如果不遵守它。而：如果。莫之应：即莫应之。莫：不。之：它，指礼。应：应和，遵守。

攘臂而扔之：挽起袖子伸手去拉扯不遵守的人，动手强迫人们遵守。指礼有强制性。攘：挽起。扔：拉，牵引。

失道而后德：不用道来治理天下了然后才用德。这时候的德，已经局限于形式，所以属于下德。失：失去，背离。

夫礼者：用礼来治理社会的时候。夫：助词，用于句首，引发议论或者对某事进行判断，无实义。礼：用礼来治理社会。者：……的时候。

忠信之薄：忠于大道及其规律、取信于民的做法已经被轻视。忠信：上忠于大道，下取信于民。忠：不偏不倚，指忠于大道及其规律。信：守信，指对民众守信。之：已经。《左传·定公九年》："曩者之难，今又难矣。"薄：轻视，看不起。

乱之首：社会混乱已经开始，社会已经进入混乱状态。之：已经。首：开始。

前识者：把前人行道的认识和做法当作行道标准的时候。前识：前人对道的认识和做法。识：知识，指认识和做法。本句的深层次意义：一是不要把前人的知识作为行道的标准而一味追求形式；二是大道博大精深，不要局限于已经发现的规律，要不断探索发现新的规律，更好地为生存服务。

道之华：行道已经华而不实。意思是打着行道的旗号做做样子，即前文所说的"下德不失德"状态。道：行道，遵道而行。之：已经。华：表面上的华丽，指华而不实。《庄子·列御寇》："从事华辞，以支为旨。"

愚：愚昧。

大丈夫：明事理的人，有道之士。《韩非子·喻老》："所谓大丈夫者，谓其智之大也。"

处其厚，不居其薄：处于重视忠信的一方，不站在轻视忠信的一方。厚：看重，重视，与"薄"相对。

处其实，不居其华：实实在在践行大道，而不是做华丽的表面文章。实：真实，实在，与"华"相对。

去彼取此：远离那种无德的做法，采取这种有德的做法。彼：那种，指漠视规律、失信于民、行道虚华的无德做派。此：指忠于大道、取信于民、实实在在践行大道的有德做法。

延伸解读

遵道而行，是有德。打着德的幌子的仁、义、礼都是无德。

德是遵道而行的品质，它出自自然，为万物所具有。而仁、义、礼是人主观想象出来的东西，既没有根据，也经不起时间检验。从历史上看，讲求仁、义、礼的"无德"政治，总是由社会稳定时期开始，然后走向社会混乱。

三十九章

　　昔之得一者：天得一以清，地得一以宁，神得一以灵，谷得一以盈，万物得一以生，侯王得一以为天下正。

　　其致之：天无以清，将恐裂；地无以宁，将恐发；神无以灵，将恐歇；谷无以盈，将恐竭；万物无以生，将恐灭；侯王无以贵高，将恐蹶。

　　故贵以贱为本，高以下为基。是以侯王自谓孤、寡、不毂（gǔ）。此非以贱为本邪？非乎？

　　故致数舆（yù）无舆。不欲琭琭如玉，珞珞如石。

 译文

　　以往按照道的规律运行的：天按照道的规律运行，能够保持清澈；地按照道的规律运行，能够保持安宁；神按照道的规律运行，能够保持灵验；江河湖海按照道的规律运行，能够保持蓄水功能；万物按照道的规律运行，能够保持生存；侯王按照道的规律运行，能够成为天下走正道的表率。

如果把它们引申开来：天不能保持清澈，（天体）恐怕就要开裂解体；地不能保持安宁，恐怕就要崩陷喷发；神不能保持灵验，恐怕就要停歇；江河湖海不能保持蓄水功能，恐怕就要枯竭；万物不能保持生存，恐怕就要灭绝；侯王（不走正道）就没有尊贵的品质和崇高的地位，恐怕就要失去侯王的位置。

因此，尊贵的品质源于为大众走正道做表率，崇高的地位基于百姓的拥戴。所以侯王称自己是脱离群众的孤立之人、不走正道的少德之人和不善良的人（以此来自我警示）。这不是把大众作为根本吗？不是吗？

因此，追求多的荣誉反而得不到荣誉。不要做磨得圆润的美玉（不追求世俗的虚华），而要做坚硬有棱角的天然石头（保持自然本色）。

昔：以往，以前。

得一：符合道的运行规律，即按照道的规律运行，也就是有德。得：适合，符合。一：道的运行规律。见二十二章"圣人抱一为天下式"、四十二章"道生一"。

天得一以清：天按照道的规律运行，能够保持清澈通透。以：能够。《孟子·滕文公下》："大则以王，小则以霸。"清：澄清、通透，中间无杂质。

宁：安宁。

灵：灵验。

谷：河谷，川谷。指江河湖海。

盈：充盈，充满。指江河湖海有蓄水的功能。

万物：泛指有生命的物种，包括人。

以为天下正：能够成为天下走正道的表率。正：正道，符合自然规律的清静之道。见四十五章"清静为天下正"。王弼本作"贞"。

其致之：如果把它们引申开来。其：如果。《诗经·小雅·小旻》："谋之其臧，则具是违；谋之不臧，则具是依。"致：引，引申。之：它们，指前面的内容。

天无以清：天不能保持清澈通透。无以：不能，无法做到。帛书本作"毋已"，下五句同。

裂：天体（星球）解体。

发：发作，指地震、火山喷发等不正常现象。

歇：停歇。

竭：枯竭，干涸。江河湖海没有了蓄水功能，自然就会枯竭。

侯王无以贵高：侯王（不走正道）就没有尊贵的品质和崇高的地位。指侯王走正道、做表率才有尊贵的品质、崇高的地位，才配做侯王。傅奕本、严遵本等作"侯王无以正（贞）而贵高"，即侯王不能做正道表率就没有尊贵的品质和崇高的地位。贵高：尊贵的品质和崇高的地位。

蹶：跌落，指德不配位而丢掉王侯之位。

贱：与"贵"相对，指地位普通的人即大众。

下：指基层民众即大众。见十七章"下知有之"。

孤、寡：又称孤家、寡人，指脱离群众的孤立之人和不走正道的少德之人。孤：被孤立的人。寡：寡德之人。

不穀：不善良的人。穀：善良。

致数舆无舆：想要得到更多的荣誉反而得不到荣誉。这个结论是从"贵以贱为本，高以下为基"推出的，意思是高贵和荣誉不是自己追求就能得到的，而是来自践行大道和大众的认可。致：求取，追求。明朝宋濂《送东阳马生序》："家贫，无从致书以观。"数：多。舆：通"誉"，名誉，荣誉。傅奕本、范应元本等作"誉"。

不欲琭琭如玉，珞珞如石：不要做圆润有光泽的美玉，而要做朴实坚硬的石头。指不要追求人为的虚华，而应该保持自然本色。不欲：不要。琭琭：圆润有光泽的样子。珞珞：坚硬有棱角的样子。

延伸解读

本章主要讲德位相配。从天、地、神、谷、万物到侯王，只有有德（得一），才能维持应有的常态。一旦德不配位，常态就会被打破，以致产生不良的后果。本章着重强调，统治者要遵循自然规律行事，以实际行动带领天下人走正道；否则，就没有资格做统治者。

四十章

反者，道之动。弱者，道之用。

天下万物生于有，有生于无。

 译文

循环往复，是道的运行规律；柔弱渐进，是道在运行速率中的运用。

天下万物生于有形，有形生于无形。

 注释

反：反复，循环往复。

者：助词，用在判断句、叙述句的主语之后，表示语气的停顿。《史记·陈涉世家》："陈胜者，阳城人也。"

道之动：道的运行规律。动：运动，运行。

弱：舒缓柔和，循序渐进，潜移默化。

用：具体应用，指道在运行速率上的具体方式。

天下万物生于有，有生于无：天下万物生于有形，有形生于无形。楚简本为"天下之勿（物）生于又（有），生于亡（无）"。"天下万物"，楚简本、帛书本均为"天下之物"，这样表达更准确，既包括有生命的存在，也包括无生命的存在。有：有形的存在。无：无形的存在。

特别说明：本章在帛书甲、乙本中均位于四十一章之后，与四十二章相接。本章讲道的运行规律和世界的来历，而四十二章详细讲道生成世界万物的具体过程，承上启下非常明显，所以这种顺序更合理、更便于理解。

延伸解读

道的运行规律是循环往复。道的运行速率是柔和渐进、潜移默化。就如动态的无穷无尽的正弦曲线（如图），运行的形态是循环往复，运行速度是柔和渐进。

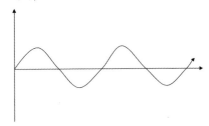

正弦曲线图

（道的运动：在运动幅度上，在区间内反复运行；在运行速度上，柔和渐进）

道的运行规律在宇宙世界中体现得淋漓尽致。地球不停地自转，所以有了昼夜的反复转换；地球不停地围着太阳公转，所以有了春、夏、秋、冬的四季反复。再往远里说，太阳系又随着银河系反复运转，银河系又随着它的母系运转……最终都围着道的核心做有规律的运转。

　　天下万物生于有形，有形生于无形，无形是道的形态。这就是世界的生成演化过程。

四十一章

　　上士闻道，勤而行之；中士闻道，若存若亡（wú）；下士闻道，大笑之，不笑不足以为道。

　　故建言有之：明道若昧，进道若退，夷道若纇（lèi）。上德若谷，大白若辱，广德若不足，建德若偷，质真若渝。大方无隅，大器晚成，大音希声，大象无形，道隐无名。

　　夫唯道，善贷且成。

　　素质上乘的人闻道后，积极地去践行；素质一般的人闻道后，感觉它若有若无；素质下乘的人闻道后，大声嘲笑它，不嘲笑反而衬托不出道的伟大。

　　因此，修道的格言里有这样的话：光明的大道（因为不展现自己，所以）好像是昏暗不起眼的；使人进步的大道

（因为主观作为少了，所以）好像是退步的；平坦的大道（因为清静无为，常人难以做到，所以）好像是坎坷难行的。上乘的德（因循自然，包容万物，所以）好像是空的；最明亮的东西（因为它为万物提供光明，万物习以为常，反而忽视了它的存在，所以）好像被忽略了；广泛惠施天下的美德（总有不如意的地方，所以）好像有不足之处；培养德行（重在践行而不自我表现，所以）好像是在悄悄进行；品质纯真的行道人（随着规律变化，所以）看起来是善变的。最广大的地方是没有边际的，最大的器物是经过长期演化而成的，最大的声音是听不到声音的，最大的形象是无形的，道隐于世界的背后是一直默默无闻的。

但是只有道，才善于为万物提供条件并能成就万物。

上士：素质上乘的人。士：指有一定地位或造诣的人。

勤：积极。

行：践行。

亡：通"无"。

下士：素质下乘的人，指执迷不悟的世俗之人。

大笑：大声嘲笑。

建言：修道的格言。建：建立德行，修道。

明道若昧：光明的大道，因为隐在幕后不展现自我，所以看起来昏暗不起眼。明：光明。若：好像，感觉是。昧：

昏暗。

进道若退：进步的大道，因为主观作为少了，所以在世俗人看起来是退步的。进：前进。退：后退，退步。

夷道若纇：平坦的大道清静无为，习惯于主观作为的常人难以做到，所以感觉是坎坷难行的。夷：平坦。纇：坎坷，高低不平。

上德若谷：上乘的品德因循自然，重在包容不干预，所以看起来像是空的。谷：山谷，这里指空旷、空虚。见十五章"旷兮，其若谷"。

大白若辱：最明亮的东西（如太阳），一直为万物提供光明，万物习以为常，所以像被忽略了。大白：最显眼、最明亮的东西。辱：埋没。《左传·襄公三十年》："使吾子辱在泥涂久矣。"

广德若不足：广泛惠施天下的美德，因为不可能让每一个个体都时时、事事如意，所以看起来有不足之处。广德：影响广泛的德。

建德若偷：培养遵道而行的品德，重在践行而不自我表现，所以在别人眼里像是偷偷进行。建德：建立德行。偷：偷偷、悄悄进行。

质真若渝：品质纯真、一心一意的行道人，因循规律，随机应变，所以看起来是善变的、不专一的。质真：指品质纯真的行道人。质：品质。真：纯真。渝：改变，不专一。

大方：最大的地方。

隅：边，靠边的地方、角落。

大器：最大的器物，指天地系统、宇宙。

晚：时间靠后的，经过长时间的。帛书本作"免"。楚简本作"曼（慢）"，意思是慢慢形成的，也符合原文意境。

大音希声：最大的声音不是超过、压制住其他声音，而是让其他声音有展现的空间，所以是寂静无声的。希：听不见。见十四章"听之不闻，名曰希"。

大象无形：最大的形象，是包容其他有形之物，所以是无形的。大象：最大的形象。大音、大象都是指道的特点。

隐：隐身，隐藏。

无名：默默无闻，不表现自我，无欲无求。

唯：只有。

善贷且成：善于提供条件并能使其成功。贷：施予，提供。

延伸解读

大道有别于个体常态，所以难以被人理解和接受。而正是因为它不同于具体事物，才显示出它的伟大之处。同时也说明，在世俗人眼里，修道是一件很难的事情。但一旦走上大道，大道将帮助你、成就你。

道生一，一生二，二生三，三生万物。万物负阴而抱阳，冲气以为和。

人之所恶，唯孤、寡、不穀（gǔ），而王公以为称。故物或损之而益，或益之而损。

人之所教，我亦教之，强梁者不得其死，吾将以为教父。

道为自身无形的混沌之体产生一个运行规律（道生一）。无形的混沌之体按照规律运行，清浊二分，产生了天地（天体与空间）（一生二）。天地继续按照规律运行，相互作用，由此形成了由天、地、大气层组成的具有生养功能的特殊环境（二生三）。这个具有生养功能的特殊环境按照规律运行产生了万物（三生万物）。万物被有形的世界所承载，被无形的空间所围绕，在空虚的气体中以此达到与环境相适应。

人们所讨厌的，只有脱离群众的孤立之人、不走正道的少德之人和不善良的人，但王公们把它们当作自己的称谓（以此来警示自己）。所以，事物有的时候受损而实际是受益的，有时候获益而实际是受损的。

人们所应该接受的教育（自然规律和社会常识），我也应该教给他们。行事强横的人不得善终，我们要把它作为教育的开始。

 注 释

道生一：道对自身的混沌之体产生一个运行规律。前文"有物混成，先天地生"已经说明道的原有形态是混沌不分的无形存在。一：道的运行规律。《淮南子·原道训》："道者，一立而万物生矣。是故一之理，施四海；一之解，际天地。"见二十二章"圣人抱一为天下式"、三十九章"昔之得一者"。

一生二：道在自身运行规律下，原本无形的混沌之体逐渐分化，形成有形的天体和无形的空间，从地球的角度看，就是天和地。二：天地。

二生三：天地继续按照规律运行，相互作用，在天地之间形成了由天、地、大气层组成的具有生养功能的特殊环境。三：天、地、大气层构成的具有生养功能的特殊环境。

以此类推，在宇宙中一定有其他的"三"存在。

三生万物：天、地、大气层构成的具有生养功能的特殊环境，按照道的规律运行，逐渐生成了万物。万物：各种有生命的存在。

负阴抱阳：为阴所负，为阳所抱，即被有形的世界所承载，被无形的空间所围绕。负：负载，承载。抱：围绕，环绕。阴：指大地及其附着的有形物体。阳：指大地之外的无形空间。

冲气以为和：在空虚的气体中以此做到与环境相和谐。冲气：空虚的气体。冲：空虚。和：和谐，协调。

而王公以为称：王公却把它作为自己的称号。意思是王公时刻警示自己要走正道，遵循客观规律办事，做对百姓好的人。第一段已经说明，世界的演化是在遵循道的规律下进行的，人不过是演化进程的产物，只有遵循规律，才能和谐生存。

物或损之而益，或益之而损：事物有时候受损却因此受益；有时候受益却因此受损。关键在于，只要符合规律，即使暂时受损，也会最终受益；违反规律，即使暂时受益，最终也会受损。本句是对王公用有损自己的名字做称号的延伸推论。或：有的。损：受损。益：受益。《淮南子·人间训》："物或远之而近，或近之而远……或誉人而足以败之，或毁人而乃反以成之。"

人之所教：人们所应当接受的教育，这里指自然规律方面的常识。

强梁：强横，过分逞强。强：逞强，好强。梁：物体的隆起部分，如鼻梁、山梁，引申为突出、不一般。

不得其死：不会得到善终。

吾：我，我们。

教父：教育的开始。父：通"甫"，开始。

延伸解读

本章阐述了世界的产生和演化过程。道就好像一颗埋在地下的种子，慢慢发芽，逐渐长成由树干（天）、树枝（地）和叶子（万物）组成的大树（宇宙）。强调人特别是统治者要正确定位，不逞强好胜，以此实现与自然和社会的和谐。

四十三章

天下之至柔，驰骋于天下之至坚。出于无有，入于无间。吾是以知无为之有益。

不言之教，无为之益，天下希及之。

 译文

天下最柔软的水，奔腾流淌在天下最坚硬的岩石之间，它从无形（空气）中来，化成雨水后又渗入固体物质中（，循环不已，滋润万物）。我因此懂得顺应自然而为的好处。

不用政令干预的教化策略，顺应自然而为的好处，天下很少有比得上的。

天下之至柔：天下最柔软的东西，指水。至柔：最柔软的东西。

驰骋于天下之至坚：奔腾流淌在天下最坚硬的岩石之间。帛书本、范应元本等为"驰骋于天下之至坚"。王弼本没有"于"字。至坚：最坚硬的东西，指岩石、金石。驰骋：飞马奔驰，这里指水流奔腾。

出于无有，入于无间：它出自无形（空气），化成雨水后又渗入有形的固体里面。这句话是说水以不同的形态循环于天地间，以滋养万物。无有：无形，看不见的存在，指空气（水汽）。无间：没有空隙，指有形的固体。范应元本、傅奕本、《淮南子》等都是"出于无有，入于无间"；王弼本为"无有入无间"；帛书甲本为"无有入于无间"，乙本此句残缺；楚简本无此句。

无为：顺应自然而为。

希：少。

及：赶得上，比得上。《战国策·齐策》："君美甚，徐公何能及君也。"

延伸解读

本章接续上一章的"三"，即由天、地、大气层组成的具有生养功能的特殊环境，进一步阐述了水在这个特殊世界中循环往复、滋润万物的规律，揭示了我们生存的世界是一个按照规律独立运行的系统，引出人类处理人与自然的关系的正确做法是无为，以及效法自然进行社会管理的做法是不言之教。

四十四章

名与身孰亲？身与货孰多？得与亡孰病？

甚爱必大费，多藏必厚亡。

故知足不辱，知止不殆，可以长久。

名声和生命哪一个更亲？生命和财货哪一个更重要？得到和失去哪一个更有害？

过度贪恋名声必然会让生命付出巨大代价，过多聚集财物必然会导致重大损失。

因此，知道满足不会有过失，知道适可而止不会有危险，这样就可以做到生命长久。

名：名声，名气。

身：生命本身，身体。

亲：爱惜，亲近。

货：财货，财物。

多：重，与"轻"相对。《汉书·灌夫传》："士亦以此多之。"

得：得到，获得。

亡：失去。

病：弊端，害处。

甚爱必大费：过度贪恋名声必然让身体付出巨大代价。甚：过度。爱：贪，贪图。费：破费，付出，指健康、精力、生命等付出。王弼本为"是故甚爱必大费"。

多藏必厚亡：过多聚集财物必然会导致重大损失。多藏：指过多聚集财物。藏：收藏，集聚。厚亡：重大损失，包括财物、身体等方面。厚：重，大。亡：失去。"甚爱必大费，多藏必厚亡"，意思是世间的名声财物都是通过竞争获得的，都是要付出代价的。

知足：知道满足。足：满足，指对基本需求的满足。

辱：过失，错误。《左传·成公十七年》："大夫无辱，其复职位。"

止：适可而止，指做事有底线、有界限。

殆：危险。

上章阐述了正确处理人与自然的关系，本章继续阐述怎样处理生命本身与名声、财货的关系，指出要以生命为根本，做到知足、知止。

人只有弄清了生命本身和身外之物的关系，才会明白生存的真谛。

　　大成若缺，其用不弊。大盈若冲，其用不穷。大直若屈，大巧若拙，大辩若讷（nè）。

　　躁胜寒，静胜热，清静为天下正。

　　道所运行的世界体系似乎有欠缺，但它的功能不会有问题；道这个容量最大的东西看起来是空虚的，但它的作用不会穷尽。最善于正确处世的人（最善于服从规律，所以）看起来像是屈就顺从的。最善于巧妙行事的人（顺势而为，没有花里胡哨的动作，所以）看起来是笨拙的。最善于表达的人（不轻易出言干预他人，所以）看起来不怎么说话。

　　运动能克制寒冷，为了生存而活动的行事原则能克制冲动妄为。内心清虚无杂念、行为围绕生存而活动才是天下的正道。

大成：最成熟完备的东西，指道所运行的世界体系。大：最，极。成：成熟，完备。若：好像，看起来像。

缺：欠缺，不足。

用：功能，用途。

弊：弊端，问题。

大盈若冲：容量最大的东西看起来是空虚的。大盈：容量最大的事物，包容世界万物的东西，指道。盈：满，这里指容量。冲：空虚。

大直若屈：最善于正确处世的人，因为最善于服从规律，所以看起来是屈就顺从的。大直：最善于正确处世的人，也就是最遵循规律的人。直：正确。屈：屈服，屈从。

大巧若拙：最会巧妙行事的人，顺势而为，没有多少好看的花样，所以看起来好像笨拙的。巧：做事巧妙。拙：笨拙，迟钝。

大辩若讷：最善于表达的人，任万物以自然，不轻易出言干预他人，所以看起来不善言辞。大辩：最善于辩论的人，最善于表达的人。辩：辩论。讷：不善言辞，指说话少。八十一章有"善者不辩，辩者不善"。

躁胜寒：运动可以克制寒冷。胜：克制。躁：躁动，运动。

静胜热：为了生存而活动的行事原则能克制冲动妄为。

静：为了生存而活动。

热：热情，情绪高涨，指冲动。

清静：内心空虚少欲，行为以生存为本。清：原意是水清澈、没有杂质，这里指内心空虚，没有杂念。清指思想、内心，静指行为，与十六章的"致虚极，守静笃"意思一致。清与静还可简单表述为：心无杂念为清，行不多事为静。

正：正道，正确的方式。

延伸解读

大道虽然看起来不完美，看起来是空的，但它成就一切事物、容纳一切事物的功能和作用一直不变。人效法大道，不要看外表怎么样，而要注重实用，按照规律办事。安守本分的清静之道，就是最正确的生活方式。

四十六章

天下有道，却走马以粪。天下无道，戎马生于郊。

罪莫大于可欲，祸莫大于不知足，咎莫大于欲得。

故知足之足，恒足矣。

　　天下按照道的规则运行时（，社会太平），善跑的马都回到田间耕作。天下不按照道的规则运行时（，战乱频仍），连怀胎的母马也用作战马，马仔只能产在郊外的战场上。

　　罪过没有比放纵欲望更大的了，祸患没有比不知足更严重的了，灾难没有比贪得无厌更惨痛的了。

　　所以，把知足作为满足的标准，就能做到长久满足了。

有道：按照道的规则运行，遵循道的规则治理。

却走马以粪：让善跑的马回到田里去耕地。此处指社会和平，马无用武之地，回归耕田种地的本色。却：返回，反转。李白《重忆一首》："稽山无贺老，却棹酒船回。"走马：善跑的马。粪：施肥，耕地。

戎马：战马。

罪莫大于可欲：罪过没有比放纵欲望更大的了。王弼本没有这句，其他主要古本都有。可欲：允许欲望自由泛滥，指放纵欲望。可：允许，可以。见三章"不见可欲"。

不知足：不知道满足，追求无限度。此处指不知道自己到底想要什么。

咎：灾难。

欲得：总想得到，贪得无厌。"咎莫大于欲得"，帛书本为"咎莫憯（cǎn）于欲得"。

知足之足，恒足矣：把知足当成满足，就不会被各种欲望所诱惑，就会做到长久的满足。《淮南子·诠言训》："知足者，不可以势利诱也。"恒：王弼本作"常"。本句与四十四章的"知足不辱，知止不殆，可以长久"相呼应。

最大的罪恶是引发人的欲望，最大的祸患是不知道满足，最惨痛的灾难是贪得无厌。

德国古典哲学家黑格尔说："人类唯一能从历史中吸取的教训就是，人类从来都不会从历史中吸取教训。"这与唐朝杜牧在《阿房宫赋》中说的"秦人不暇自哀，而后人哀之。后人哀之而不鉴之，亦使后人而复哀后人也"是一个道理。其原因是什么呢？那就是统治者不愿意放弃特权，不愿意放弃欲望，不愿意做到知足，不愿意与民众平等。

四十七章

不出户，知天下；不窥（kuī）牖（yǒu），见天道。其出弥远，其知弥少。

是以圣人不行而知，不见而明，不为而成。

 译文

（如果通晓大道，）不用出门，就可以知道天下的情势；不用透过窗户观察，就可以了解大自然的变化规律。（如果不通晓大道，）出去得越远（，越容易被纷繁复杂的表象所迷），对大道及其规律的认知反而越少。

所以圣人不用出行就能知道天下的情况，不用观察就能懂得自然运行规律，不用主动作为就能取得成功。

不出户，知天下：不用出门，就可以知道天下的运行态势。帛书本作"不出于户，以知天下"，范应元本、傅奕本作"不出户，可以知天下"，下一句的格式亦如此。户：门。

窥牖：从窗子往外看。窥：从小孔或缝隙里看。牖：窗户。

见天道：了解自然的运行规律。见：知道，了解。天道：自然的运行规律。天：上天，大自然。

弥：越。

不见而明：不用观察就明白自然运行规律。见：观察。明，王弼本作"名"。

不为而成：不用主动作为就能取得成功。此处指天下万物遵循规律的情况下，圣人不去主动作为，社会自然会沿着正确的道路前进。比如：农民从事农业生产，会按照时令季节进行，不用统治者去专门指挥。这其中有圣人的功劳，因为他们遵循自然规律治理天下；有农民的功劳，因为他们按照自然规律操作；有自然的功劳，因为它提供作物生长的一切条件。圣人不为，是因为民众按照正道的有为和大自然的规律运作。所以，"不为而成"并不是说任何人任何时候什么都不干就能成功，而是有条件的，这个条件就是顺自然之势。

延伸解读

　　大道至简，但万物千姿百态。要善于把握事物的本质规律，不要被丰富多彩的表象所迷惑。

　　有所为有所不为，遵循规律做应该做的事情。

四十八章

为学日益，为道日损，损之又损，以至于无为。无为而不为。

取天下恒以无事，及其有事，不足以取天下。

 译文

随着学习的道的知识一天天增加，践行大道就要一天天地减少不符合道的主观做法，减少再减少，最终会达到顺应自然而为的境界。顺应自然而为，所做的事就没有什么是不应该做的。

取得天下始终坚持顺其自然的方式，如果采取不正当手段，就没有资格取得天下。

为学日益： 从事学习道的规律知识并一天天地增加。为学：从事学习，指从事学习道的规律知识。日：每天，一天天。益：增加。

　　为道日损： 践行大道（按照道的规律办事）就要一天天地减损不符合自然规律的主观陋习。为道：践行大道。损：减少，削减。

　　为学日益，为道日损： 不断地学习道的规律，并按照道的规律不断地去修正自己的行为，把不符合规律的习惯逐渐消除。既做到了"无为"，也强调了行道要"知行合一"。

　　损之又损： 减少它（不符合自然规律的主观作为）再减少它，指不断地减少。之：不符合自然规律的主观作为、主观陋习。

　　无为： 顺应自然而为。

　　无不为： 所做的事就没有什么是不应该做的、不恰当的，指都不违反规律、都是合适的。其形式上和孔子的"从心所欲不逾矩"（《论语·为政》）类似，但内涵不同。孔子的"矩"是以"仁"为核心、以"礼"为规范的主观人伦之道，而老子提倡的是以"道"为核心、以"德"（遵循规律）为规范的自然之道，自然之道包括客观规律、社会规律和万物个体规律。见三十七章"道恒无为而无不为"。

取天下恒以无事：取得天下要始终用顺应自然的方式，如果采取暴力、战争等非正常手段，就没有资格取得天下的统治权。意思是做天下的君主，不是靠暴力、战争等手段，而是依靠德行高尚被天下民众所公认而自然上位。取：获得，得到。恒：始终如一，王弼本作"常"。无事：顺其自然，不主观用事，不生事端，不用非常手段。

及：如果。

有事：主观用事，指采取非正常手段，如政变、暴力、战争等。

不足以：不够格，不能够。《昭明文选·嵇康·养生论》："一怒不足以侵性，一哀不足以伤身。"足：能够。

延伸解读

第一段阐述了怎样做到无为。

培养行道的品德，就是坚持不断地学习道的规律，并按照道的规律不断地去修正自己的行为，把不符合规律的习惯逐渐消除。等到主观陋习消除干净了，也就达到了完全按照道的规律行事的境界（无为），这样做什么都不会有过错（无不为）。这与现在的只要在法律和政策允许的范围内做事就不会有问题、孔子的"从心所欲不逾矩"类似，只是所遵循的规则不一样：前者是道的规律（自然规律、社会规律），后两者分别是法律政策、礼制。

第二段的内容是对第一段内容的具体运用，意思是只有顺势获得天下，才能德位相配。

四十九章

圣人恒无心，以百姓心为心。

善者，吾善之；不善者，吾亦善之，德善。信者，吾信之；不信者，吾亦信之，德信。

圣人在天下，歙（xī）歙焉，为天下浑其心。百姓皆注其耳目，圣人皆孩之。

圣人永远没有私心，而是把百姓的想法作为自己的想法。

善于遵循规律生活的人，圣人引导他善于遵循规律生活；不善于遵循规律生活的人，圣人也引导他善于遵循规律生活，这样整个社会都能善于遵循规律生活。诚信的人，圣人引导他保持诚信，不诚信的人，圣人也引导他成为诚信的人，这样所有的人都能讲诚信。

圣人主政天下，无所偏执，使天下人的心境变得朴实。因为百姓都注重所听所见，所以圣人把他们当成自己的孩子一样去引导。

注释

圣人恒无心：圣人永远没有私心。王弼本作"圣人无常心"。恒：一直，永远。

以百姓心为心：把百姓的想法当作自己的想法。心：思想，想法。

善者：善于遵循规律生活的人。善：善于。

吾：指圣人。

善之：让他善于遵循规律生活。

德善：能善于遵循规律生活，指全社会都能够遵循规律生活。德：通"得"，能够，得以。

德信：能讲诚信，指全社会都能讲诚信。

歙歙：无偏执貌，没有偏执的样子。指不主观用事，不执一端。歙：通"翕"，和顺的样子。《汉书·韩延寿传》："延寿乃起听事，劳谢令丞以下，引见尉荐，郡中歙然。"

浑其心：使心变得朴实。浑：天然质朴，这里用作动词。

注其耳目：关注所听所看。注：注意。耳目：视听，见闻。王弼本没有"百姓皆注其耳目"这一句。

孩之：把百姓当成自己的孩子一样对待。孩：孩子，这里用作动词。之：百姓。

圣人一切为了百姓而没有私心，对百姓一视同仁，其目标是人人善生存、讲诚信的大同世界。圣人在天下的表现，客观而不偏执，对待百姓像对待自己的孩子一样。

所以，真正的圣人很伟大。

出生入死。生之徒，十有三；死之徒，十有三。人之
生，动之死地，亦十有三，夫何故？以其生生之厚。

盖闻善摄生者，陆行不遇兕（sì）虎，入军不被甲兵。
兕无所投其角，虎无所措其爪，兵无所容其刃。夫何故？以
其无死地。

从出生到死亡。能够自然终老的，十个中有三个；中途
死了的，十个中有三个。人在生存过程中，把自己置于死亡
境地的，也是十个中有三个，这是为什么呢？因为他们太追
求生活享受。

听说善于保养生命的人，在陆地上行走不会碰到犀牛和
老虎，到军中不会遭受兵器危害。犀牛无法用角去顶他，老
虎无法用爪子去抓他，兵器无法让兵刃伤害他。这是为什么

呢？因为他不去有死亡危险的地方。

注释

出生入死：从出生到死亡。

生之徒：生存至生命终点的人，自然终老的人。生：活着。徒：同一类人。此处指活完一生的人。

死之徒：死了的人。此处指半道死了的人。

人之生：人活着，人在生存过程中。之：助词，用于主谓之间，无实际意义。

动之死地：置于死亡境地。动：行动，运动。之：于。死地：死亡之地。

生生之厚：过着优厚的生活。优厚的生活，包括拥有权力、地位、财物、名望、享受等，这些不但需要在残酷的竞争中获取，还要在你争我夺中保持，这让生命时刻处在损害和危险之中。生：第一个"生"为动词，生存，生活，过日子。第二个"生"是名词，生活，日子。生之厚：优厚的生活，享受。厚：优厚。之：用在中心词之后，是后置定语标志，无实际意义。《荀子·劝学》："蚓无爪牙之利、筋骨之强。"

盖：助词，用于句首，表示后面是发表议论。《史记·李斯列传》："盖闻圣人迁徙无常。"

摄生：保养生命。摄：保养。

陆行不遇兕虎：在陆地上行走不会碰到犀牛和老虎。因为走安全的道路，不去猛兽的活动区域，所以不会遭遇。兕：犀牛一类带角的猛兽。

入军不被甲兵：到军中不会遭受兵器危害。例如，在和平时期到军中就不会有危险。被：蒙受，遭受。《战国策·燕策》："秦王复击轲，被八创。"甲兵：铠甲和兵器，泛指兵器。

兕无所投其角：犀牛无法用角去攻击他。意思是不与犀牛相逢，自然不会被攻击。投：投向，指攻击。

措：放置，指扑抓。

容：容纳，指让兵刃伤到。

无死地：没有能让他死亡的地方，指不去有死亡危险的地方，不以身涉险。这就是"鱼不可脱于渊"的好处（见三十六章）。

延伸解读

要让身体感官享福，就要付出生命健康代价。

不冒险就不会有危险，不作死就不会死。

古来如此。

五十一章

道生之，德畜之，物形之，势成之。

是以万物莫不尊道而贵德。道之尊，德之贵，夫莫之命而恒自然。

道生之、德畜之：长之、育之，亭之、毒（shú）之，养之、覆之。

生而不有，为而不恃，长而不宰，是谓玄德。

道创造万物，德使万物得到畜养，物质让万物成形，天地规律性运转之势让万物长大成熟。

所以万物都尊崇道、重视德。道之所以受到尊崇，德之所以受到重视，在于没有谁命令它们却能一直保持按固有规律运行。

道创造万物，德畜养万物：让万物得以生长，使万物得到培育；让万物成形，使万物成熟；为万物提供生活所需，为万物提供生存庇护场所。

　　创造万物而不认为是自己所有，为万物提供一切生存条件而不倚仗是自己的功劳，让万物成长而不去支配它们，这就是道所表现出的品质（玄德）。

注释

　　道生之：道创造万物。之：万物。

　　德畜之：遵道而行的属性使万物得到养育。德：遵道而行的品质，遵循道的规律的品质。畜：畜养。这里要特别指出，真正要畜养的还是道，但有德（遵道而行）才会得到畜养。

　　物：物质。

　　势：必然趋势。这里指天地的规律运行之势。

　　尊道而贵德：尊崇道而且重视德。贵：重视。

　　夫莫之命：没有谁命令它们。夫：虚词，无实义。莫：没有谁。之：它们，指道和德。命：命令。"莫之命"即"莫命之"。

　　恒自然：一直按照自身固有的规律运行。恒：王弼本作"常"字，一直，永远。自然：见二十五章"道法自然"。

　　道生之、德畜之：帛书本等古本无"德"字。

长：生长。

育：培育，指培育生存技能等。

亭：成形，使身体成形。

毒：同"熟"，使身体成熟。严遵本等多数古本作"熟"字。

养：供养，提供生活所需。

覆：遮盖，指提供生存庇护场所。

延伸解读

道是万物的创造者、养育者。万物遵循大道就会得到养育，这就是德的作用。德有天生之德和后天之德之分。天生之德是万物的本能，它遗传了道的基因，是基础之德。每个人都有先天之德，但会受主观影响而削弱，所以要"涤除玄览"（第十章），保持本色。后天之德来源于学习和实践，容易受主观干扰，所以拥有后天之德难能可贵。后天之德在于培养（修德），要领是主观服从客观，遵循客观规律办事。

玄德，是道表现出的品质，是"生而不有，为而不恃，长而不宰"，其外在表现是有规律地运行，提供生存环境。人之德，则表现为遵循规律、利用条件、适应环境。

举例：母牛生了小牛，这好比是"道生之"；小牛按照本能自己去找母牛吃奶的行为，这好比是"德畜之"。

五十二章

天下有始，以为天下母。既得其母，以知其子。既知其子，复守其母，没身不殆。

塞其兑，闭其门，终身不勤。开其兑，济其事，终身不救。

见（xiàn）小曰明，守柔曰强。用其光，复归其明，无遗身殃，是为袭常。

天下有本源（道），就把它作为天下的母体。在掌握天下母体（道）的运行情况之后，以此来认识它所产生的天下万物的运行情况。在知道了天下万物的运行情况后，再坚持按照天下母体（道）的规律行事，终生都不会有危险。

塞上耳朵不主动去听，合上眼睛不主动去看，闭紧嘴巴不主动发号施令，切断主观作为的欲望之门，这样一辈子不会辛苦。竖起耳朵主动去听，睁大眼睛主动去看，张开嘴巴主动向天下发号施令，竭力想成就一番事业，这样终生不可救药。

表现出微不足道的样子，是明智之举；坚持以柔弱的方式处世，是真正的强大。（就好比）使用光明，就要追溯光明的源头并遵循它，这样不会给自己留下灾祸。这就是秉承规律办事。

注释

天下有始：天下有开端，世界有本源。始：本源，根源。

母：产生、运行天下的母体，指道。

得：得到，掌握。

子：被产生者，指天下万物。

复守其母：再遵守天下母体的法则行事。复：再。守：遵守。

塞其兑：塞上耳朵，闭上眼睛和嘴巴。指耳朵不主动去听，眼睛不主动去看，嘴巴不主动去发号施令。塞：堵住，塞上。兑：孔窍，这里指眼睛、嘴巴和耳朵。

闭其门：关闭欲望之门。

勤：辛苦。

开其兑：竖起耳朵、睁大眼睛去关注天下，张开嘴巴发号施令。

济其事：成就事业。济：成就。

救：救药。

见小：表现出弱小的样子，指不出人头地。"见"同"现"。

守柔：坚持以柔弱方式处事。

用其光，复归其明：使用光明，要追溯光明的源头和规律。指做事情要追根求源，弄清原理，按照规律办事。光：光明，光亮。复归：回复到，追溯。明：日、月的光亮，引申为光明的源头及其规律。以太阳为例，要应用它的光和热，就要弄明白它的特点和运行规律，这样才能更好地利用它。

遗：留下，遗留。王弼本作"习"。

殃：灾祸。

袭：承袭，秉承，遵循。

常：常规，规律。

 延伸解读

本章紧接上一章，用母子关系来比喻道和天下万物的关系，阐述怎样认识世界及其规律，进而怎样正确对待人与自然的关系，怎样去管理社会、处理人与人之间的关系。

本章要求统治者效法道的"生而不有，为而不恃，长而不宰"的精神去行事。

五十三章

使我介然有知，行于大道，唯施（yí）是畏。大道甚夷，而民好（hào）径。

朝甚除，田甚芜，仓甚虚；服文彩，带利剑，厌饮食，财货有余，是谓盗夸，非道也哉。

即使我稍微有点知识就会明白，在大路上行走，就怕走斜路。大道非常平坦，人们却喜欢走小路。

朝堂宫宇修建得非常豪华，（因劳役过多无暇耕种）农田荒芜严重，民众的粮仓内存粮非常少。统治者却穿着锦绣华丽的衣服，佩带锋利的宝剑（尚武好战），吃腻了天下美味，喝够了天下美酒，占有的钱财物资多得用不完，这是强盗头子，不是道。

注释

唯施是畏：就怕走斜路。语句结构与"唯道是从"一样。唯：只有。施：逶迤，走斜路。

夷：平坦。

好径：喜欢走小路。好：喜欢。径：小路。

朝甚除：朝堂宫宇建造得非常豪华，这里指统治者大兴土木，劳民伤财。朝：朝堂宫殿，统治者上朝和居住的场所。甚：非常，过分。除：建造，修整。

田甚芜：农田严重荒芜。这里指农民被统治者逼迫去当差服役而耽误了种地，造成农田荒芜。芜：荒芜。

仓甚虚：粮仓内非常空虚，粮仓存粮非常少。这里指老百姓连吃饭都成问题，生活艰难。仓：粮仓。虚：空虚，这里指仓库内粮食很少显得空荡。

服文彩：穿着锦绣多彩的衣服。这里指衣着奢华。服：穿。文：在锦上绣花纹。彩：五彩，多彩。

带利剑：佩带锋利的宝剑。这里指崇尚武力、好战。

厌饮食：厌烦了吃喝。这里指吃腻了天下美味、喝够了天下琼浆。厌：厌烦。饮食：吃喝。

财货有余：钱物多得用不了。

盗夸：被强盗夸赞、拥戴的人。盗：强盗。夸：夸赞。北大竹简本、《韩非子·解老》等作"道竽"。盗竽：盗之长，强盗头子。竽：类似笙的一种乐器。《韩非子·解老》："竽也者，五声之长者也。"竽在古代属"五声之长"，在乐队中居于首席位置，所以用竽来比喻首领。

延伸解读

　　本章列举并批判了与道相反的做法。一方面，统治者大兴土木，生活奢靡，热衷战争，搜刮财富；另一方面，百姓赋税劳役负担沉重，生活艰难困苦。这样极端对立的社会怎能和谐长久？所以是违反自然之道的。

善建者不拔，善抱者不脱。子孙以祭祀不辍。

修之于身，其德乃真；修之于家，其德乃余；修之于乡，其德乃长（zhǎng）；修之于国，其德乃丰；修之于天下，其德乃普。

故以身观身，以家观家，以乡观乡，以国观国，以天下观天下。

吾何以知天下然哉？以此。

善于建立德行的人（完全按道行事），所以德行不会改变；善于持有德的人（事事遵循道），所以德行不会失去。子孙因而能够祭祀不断，世代传承。

自己践行大道，说明他的德是真的；带领全家人践行大道，说明他的德是有盈余的；带领全乡人践行大道，说明他的德是增长的；带领全国民众践行大道，说明他的德是丰厚的；带领全天下人践行大道，说明他的德是广大的。

所以通过一个人的表现可以观察出这个人的德行水平，通过家庭成员的表现可以观察出这个家庭的德行水平，通过一方乡里人的表现可以观察出这个乡的德行水平，通过一个国家国民的表现可以观察出这个国家的德行水平，通过天下人的表现可以观察出全天下的德行水平。

我是怎么知道天下的德行情况的？就是用这个方法。

注释

善建者不拔：善于建立德的人，完全按道行事，所以德行不会改变。建：建立，树立。拔：改变，移动。

善抱者不脱：善于拥有德的人，德行不会脱离。抱：持有。脱：脱离，失去。

子孙以祭祀不辍：子孙因而能够祭祀不断，指子孙因而能够代代相传、后继有人。

修之于身：按照道的标准去规范自己的行为。修：践行，修正。之：道。身：自身。

乃：是，就是。

乡：古代的一种居民组织单位，一万二千五百户为一乡。

长：增长，壮大。

国：邦。汉代为避汉高祖刘邦的讳，而改为"国"。

丰：丰厚，丰富。

普：广大的样子。《墨子·尚贤》："圣人之德，若天之高，若地之普。"

以身观身：通过一个人的表现可以观察这个人的德行水平。第一个"身"，指自身的表现；第二个"身"，指自身的德行水平。下文的"以家观家、以乡观乡、以国观国、以天下观天下"的理解方法同此。

天下然：天下的德行情况。然：样子。

延伸解读

道表现为规律，德表现为尊道的行为。

从个体而言，从自身做起，做一个有德的人。随着德行水平的提高，进而带动全家、全乡、全国、全天下人去践行大道。这样，社会将变得美好。

羊群需要领头羊，人类需要走正道的领导者来引领。

五十五章

含德之厚，比于赤子。蜂虿（chài）虺（huǐ）蛇不螫（shì），猛兽不据，攫（jué）鸟不搏。骨弱筋柔而握固，未知牝牡之合而朘（zuī）作，精之至也。终日号（háo）而不嗄（shà），和之至也。

和曰常，知常曰明。益生曰祥。心使气曰强。物壮则老，谓之不道，不道早已。

德行很深厚的人，就像刚生下来全身发红的婴儿。蜂子、蝎子、毒虫、毒蛇不去蜇咬他，猛兽不去按他，猛禽不去抓他。虽然骨头不硬，筋带柔软，但握东西却很牢固；不知道男女交合之事，生殖器却能勃起，这些都是精力非常充沛的缘故。大声哭喊一整天，声音却不会嘶哑，这是身体和心思非常和谐的缘故。

　　身心保持和谐称为生命应有的常态，知道常态叫作明智。有益于生命健康叫作吉祥。感情用事叫作好强。事物太强盛了会走向衰败，这是不符合道的，不符合道的东西会早早灭亡。

注释

　　德：遵道而行的品质。

　　赤子：刚生下来的孩子，身体发红，所以称为赤子。这时的孩子没有任何功利欲念，其行为完全出于本能。比如：饿了会哭叫，会自己找奶吃，吃饱了很安静。所以很纯真、很自然。这与德行深厚的人表现一致。

　　虿：蝎子一类的毒虫。

　　虺：毒蛇，毒虫。

　　螫：蜇。指蜂、蝎子等用毒刺刺人或动物。

　　据：按着，按住。《庄子·渔父》："左手据膝。"

　　攫鸟：猛禽一类的鸟。

　　搏：扑，抓。

　　蜂虿虺蛇不螫，猛兽不据，攫鸟不搏：并不是说这些毒虫、猛兽、猛禽不伤害刚生下来的婴儿，而是说婴儿不去招惹这些东西，因而不会受到伤害。

　　握固：握得牢。固：牢固。

牝牡之合：男女交合。牝：雌性。牡：雄性。"《老子》书中无男女字，但称牝牡，足见其时之言语与后世殊科。"（吕思勉《先秦学术概论》）

朘作：生殖器勃起。朘：男子生殖器，王弼本作"全"。作：兴起，勃起。

精之至：精力非常充沛。精：精力。至：极，最。

终日：一整天。

号而不嗄：大声喊叫嗓子却不会哑。号：大声喊叫，大声哭。嗄：声音嘶哑。

和之至：身体和心思非常和谐，指所想要做的事情与身体状况相适应。和：和谐，指身心和谐。见十章"载营魄抱一，能无离乎？"。

和曰常：身心和谐叫作生命应有的常态。王弼本是"知和曰常"。曰：叫作。常：常态，准则。

益生：有益于生命健康。生：生命健康。

祥：吉祥，好事。

心使气：感情支配情绪，即感情用事或意气用事。心：思想，感情。古人认为心是思维的器官，因此是思想和感情的统称，属于主观范畴。使：支配。气：情绪。《史记·淮南衡山列传》："当今诸侯无异心，百姓无怨气。"

强：好强，逞强。

　　前面一章讲个体尊道修德，就会成为有德之人。本章把德行高的人比作刚生下来的婴儿。因为婴儿不主观、不贪婪，所以不会招惹危险；因为婴儿能够保持精力充沛，虽然柔弱但却表现有力；因为婴儿身心和谐，所以行为自如。

　　所以要养护身体，尊重规律，不要主观意气行事。

五十六章

知者不言，言者不知。

塞其兑，闭其门；挫其锐，解其纷；和其光，同其尘；是谓玄同。

故不可得而亲，不可得而疏，不可得而利，不可得而害，不可得而贵，不可得而贱。故为天下贵。

知道按道的规律行事的人不去教化别人，教化别人的人不懂得按道的规律行事。

塞上耳朵不主动去听，合上眼睛不主动去看，闭紧嘴巴不主动去发号施令，切断主观作为的欲望之门；去掉锋芒锐气，消除与民众的纷争；用柔和恰当的方式治理天下，做到与民众和谐共处。这就做到了与道的表现相一致。

因此（达到这样境界的人），不可能对有的人亲近，不可能对有的人疏远；不可能对有的人有利，不可能对有的人有害；不可能对有的人高看，不可能对有的人轻视。所以被天下人所尊崇。

注释

知者：知道按照道的规律办事的人，懂得按道德行事的人。这里主要指统治者。

不言：不去教化别人，不用政令去干预社会。言：言语教化，政令干预。同二章的"不言之教"。

塞其兑，闭其门：见五十二章解释。"塞其兑"是行为，"闭其门"是目的。以下四句格式相同。

挫其锐，解其纷：去掉锋芒锐气，消除与民众的纷争。意思是收敛起自己高人一等的东西，不表现自己，不去争名、争利、争强，这样就不会与百姓起纷争。挫：折损，去掉。锐：锋锐，指高人一等的表现。解：消除。纷：纷争。

和其光：柔和光芒，指用柔和的方式治理天下。光：光芒，指治理天下的政策和方式。

同其尘：与民众和谐共处，与民众打成一片（而不是高高在上）。同：一起，共同。尘：尘世，人间社会。本章的"挫其锐，解其纷；和其光，同其尘"与四章的这四句话意思有所区别，本章的主语是统治者，四章的主语是道。

玄同：与道的表现一致。玄：道的表现，关于道的。同：一致，相同。

不可得：不可能，不会。

亲：对有的人亲近。

疏：对有的人疏远。

利：对有的人有利。

害：对有的人有害。

贵：对有的人尊重。

贱：对有的人轻视。

为天下贵：被天下人所尊崇。贵：尊崇。

延伸解读

道是天下公器，在道面前人人平等。做到"玄同"的统治者，像道对万物一样一视同仁，不会有亲有疏、有利有害、有贵有贱，自然会得到天下人敬重。

以正治国，以奇用兵，以无事取天下。吾何以知其然哉？以此：

天下多忌讳，而民弥贫；民多利器，国家滋昏；人多智巧，奇物滋起；法令滋彰，盗贼多有。

故圣人云："我无为而民自化，我好静而民自正，我无事而民自富，我无欲而民自朴。"

用（符合自然规律的）正道治理国家，以非常规的诡诈之道用兵作战，以不生事端的方式去获取天下。我是怎么知道这其中的道理的？根据下面的这些事实：

天下禁止性的规定越多（，因为被束缚住手脚，生产力下降），反而民众越贫穷；民间的私人武装越多（，靠武力解决问题），国家就越混乱不堪；人们有越多的聪明机巧之心，社会上奇异诡诈的事情就越多；法令越彰显，（人们就会把犯罪所获与付出的代价进行权衡，而不是用良知约束自我，所以）盗贼就越多。

所以圣人说："我顺应自然而为，因而民众自然化育；我喜欢按照静的原则处事，因而民众（不会妄为）自然按规律生活；我不去无事生事，因而民众（不会受到干扰，一心一意发展生产）自然富足；我没有乱七八糟的欲望，因而民众（不受到诱惑）自然会淳朴无邪。"

注释

正：正道，正确的方式。见四十五章的"清静为天下正"。

国：邦。

以奇用兵：用不符合自然规律的诡诈之术用兵作战，指用兵不是正常的事情，所以用不正常的手段。奇：邪道。原意是不符合常规的、出人意料的，这里指不符合自然规律的邪道、诡道，与前一句的"正"相对。《孙子兵法》云："兵者，诡道也。"

以无事取天下：用不采取非正常手段的方式去获取天下的治理权。意思是德行到了，自然而然上位得到天下，而不是采取暴力、政变等非正常手段。取：获取，得到。

天下多忌讳，而民弥贫：天下不让干的事越多，民众不知所措，无所适从，个体的能动性和生产力下降，产出下降，所以会越贫穷。忌讳：禁止性的规定。弥：更。贫：吃、穿、用的东西不足。贫与穷的区别：贫，指缺乏衣食财物；穷，指不得志，没有出路。

民多利器，国家滋昏：民间的私人武装越多，为了争权夺利，武装冲突就会加剧、频发，国家就会愈加混乱。利器：武器，武装，指为了争权夺利而成立的私人武装。国家：帛书甲本为"邦家"（乙本残缺）、楚简本为"邦"。滋昏：更加混乱，更加难以治理。滋：更加。昏：昏暗不明，指管理混乱。

人多智巧，奇物滋起：人们有越多的聪明机巧之心，社会上奇异诡诈的事出现得就越多。智巧：聪明机巧，王弼本作"伎巧"。奇物：奇异诡诈的事物。物：事物，事情。起：发生。

彰：彰显，指重视。

盗贼：小偷和强盗。

无为：顺应自然而为。

自化：自然化育，指按照自然之道生存发展。

好静：喜欢静的生存模式，只做与生存有关的事情。见十六章对"静"的定义。

自正：自会走正道，自会按照规律办事。

无欲：不放纵欲望，没有乱七八糟的欲望。帛书本、楚简本均为"欲不欲"。

延伸解读

　　讲完个体尊道修德，接着讲社会治理。其原则就是"以正治国，以奇用兵，以无事取天下"。在随后的章里逐一阐述，顺序是治国→取天下→用兵。

　　本章用反面的有为事例来证明这些原则的正确性。

其政闷闷，其民淳淳；其政察察，其民缺缺。

祸兮，福之所倚；福兮，祸之所伏。孰知其极？其无正？正复为奇，善复为妖。人之迷，其日固久。

是以圣人方而不割，廉而不刿，直而不肆，光而不耀。

国家的政事沉闷，它的人民就敦厚淳朴；国家的政事精明严苛、面面俱到，它的人民就虚伪狡诈。

灾祸啊，与幸福倚靠；幸福啊，与灾祸相连。谁知道它们之间的界限吗？难道没有规律可循吗？走正道转化为走邪道，结果就会由好事变成坏事。人们不明白这个道理，这样的日子已经很久了。

所以圣人坚定遵道而行的方向却不会割裂与民众的关系

（，因为不单单为了自己，也为大众）；圣人能力出众却不会伤害到民众（，因为不与民众争利）；圣人掌握真理却不会肆无忌惮行事（，因为尊重民众）；圣人造福民众却不会让民众感到不舒服（，因为方法恰当）。

注释

政：政事，施政。

闷闷：不作声，指沉闷、无所作为。

淳淳：敦厚淳朴的样子。淳：朴实。

察察：观察入微，指管理精明严苛、面面俱到。察：仔细看。

缺缺：疏薄诈伪的样子。

祸兮，福之所倚；福兮，祸之所伏：灾祸啊，与幸福倚靠；幸福啊，与灾祸相连。此处的意思是福祸原本一体，就如硬币的正反两面。倚：靠着。伏：隐藏，潜伏。

孰知其极：谁知道它们（福祸）之间的界限吗？孰：谁。极：尽头，边界。《诗经·唐风·鸨羽》："悠悠苍天，曷其有极？"

其无正：难道没有规律可循。其：难道。正：规律，道理。范晔《后汉书·张衡传》："妙尽璇机之正。"

正复为奇，善复为妖：走正道变成走邪路，好的结果就会变成不好的结果。正：正道，这里指走符合自然规律的正道。奇：邪道，指走违反规律的邪路。这里的"正"与"奇"，与五十七章的"正"与"奇"意义一致。复：回到，演变成。善：美好。妖：邪恶，有害。"正"与"奇"表示行为，"善"与"妖"表示结果。

迷：糊涂，不明白。

方而不割：坚定遵道而行的方向却不割裂与大众的关系。为什么？因为圣人不脱离群众，要带领大众一起走正道，"善者吾善之，不善者吾亦善之""信者吾信之，不信者吾亦信之"。方：方向，道路，指坚定遵道而行的方向。《易·恒卦》："君子以立不易方。"割：割裂，脱离。

廉而不刿：能力出众却不会伤到民众。为什么？因为不依靠自己的强能力与民争利，所以不会损害民众的利益。见"挫其锐"。廉：有棱角，指能力出众。刿：刺伤。

直而不肆：自己正确却不会行事放肆。为什么？因为对他人、对民众尊重。见"解其纷"。直：正确，有理。见四十五章"大直若屈"。肆：放肆，无所顾忌。

光而不耀：给予光明却不会让人感到耀眼，指为民众造福却不会让民众感到不舒服。为什么？施政方式柔和恰当。光：给予光明。耀：耀眼。

延伸解读

无为和有为的治理会带来截然不同的社会效果。本章进一步阐述了走规律的正道通向幸福、走违反规律的邪路通向灾祸。有什么样的行为，就有什么样的结果，这就是因果关系。

所以圣人治理天下，所做的是带领民众走遵循规律的正道，不损害群众利益，尊重民众的人格与自由，把民众服务好。第二小段与五十六章的"挫其锐，解其纷，和其光，同其尘"相呼应。

治人事天，莫若啬。

夫唯啬，是谓早服；早服谓之重积德；重积德则无不克；无不克则莫知其极；莫知其极可以有国；有国之母可以长久。

是谓深根固柢（dǐ），长生久视之道。

治理民众以自然为师，没有比省心省力更好的了。

只有（做到）省心省力，这才是按道的原则行事；做到了按道的原则行事就叫注重积德；注重积德就没有什么做不到的；没有什么做不到的，那么他的德行就是广大无边的；德行广大无边就可以执掌国家；执掌国家用道来治理，就会长久。

这就是根扎得深、基础打得牢，就能长久生存、长久治理的道理。

事：以……为师，向……学习。《史记·老子韩非列传》："（非）与李斯俱事荀卿，斯自以为不如非。"

天：上天，自然。

啬：节省。这里指在治理上省心省力，不去主动作为。《韩非子·解老》："圣人之用神也静，静则少费，少费之谓啬。"

夫唯啬，是谓早服：只有做到了省心省力，这才称得上做到了按道行事。唯：只有。是谓：这才叫，这才是。早服：已经服从于道，做到了按道的原则行事。早：已经。关汉卿《窦娥冤》："媳妇儿守寡又早三个年头，服孝将除了也。"服：服从。

重：注重，重视。

克：能，做到。《诗经·齐风·南山》："析薪如之何？匪斧不克。"（其意是：想去砍柴怎么办？没有斧子办不到。）

极：界限，极限。

有国：执掌国家。有：拥有。国：诸侯的封地。《周礼注》："大曰邦，小曰国。"这是全文中唯一的一处确定是"国"字而不是"邦"字的地方。所有版本，包括帛书甲本、乙本，楚简本在内都是"国"字。

有国之母：执掌国家用道来治理，用道来治理国家。
之：用。《战国策·齐策三》："故物舍其所长，之其所短，
尧亦有所不及矣。"母：根本。此处指道。

　　柢：树根，根底。此处指基础。

　　视：治理，处理。《左传·襄公二十五年》："崔子称疾
不视事。"

延伸解读

　　本章是对清静之正道的推理证明。只有与大道一脉相
承，才会做到社会长治久安。

六十章

治大国，若烹小鲜。

以道莅天下，其鬼不神；非其鬼不神，其神不伤人；非其神不伤人，圣人亦不伤人。夫两不相伤，故德交归焉。

治理大国，就像烧煮小鱼一样（不要轻易干预）。

按照道的原则来统治天下，其间的鬼不会作祟；不但其间的鬼不会作祟，其间的神也不会妨碍人；不但其间的神不会妨碍人，圣人也不会妨碍人。他们都互相不妨碍，因此所有的德是汇聚在一起向着同一个方向的。

治大国，若烹小鲜：治理大国，就像烧煮小鱼一样（不要轻易翻动）。此处指不要轻易进行干预。国：邦。烹小鲜：

烧煮小鱼。烹：煮。小鲜：小鱼。鲜：鲜鱼。

以道莅天下：按照道的原则来统治天下。以：用，按照。莅：统治，管理。《孟子·梁惠王上》："莅中国而抚四夷也。"

其鬼不神：其间的鬼怪不会作祟。其：其间的，指这个世界上的。鬼：鬼怪。神：动词，作祟（贬义），灵验（褒义）。

非：不但……而且……。

其神不伤人：其间的神不会妨碍人。神：神灵。伤：妨碍，妨害。

两不相伤：互相不妨碍。相：表示动作偏指一方。《列子·汤问》："杂然相许。"

交：交汇，汇聚。

归：归一，归在一起。

延伸解读

本章是对上一章的进一步阐述。用烧煮小鱼的生动例证来比喻治理大国，重点强调不要主观干预。并且明确指出，按照大道来管理天下，鬼神、圣人都不会来干扰，因为所有的德如同多股合流的水，目标一致，流往一个方向。

六十一章

大国者下流。

天下之交，天下之牝。牝恒以静胜牡，以静为下。故大国以下小国，则取小国；小国以下大国，则取于大国。故或下以取，或下而取。大国不过欲兼畜人，小国不过欲入事人。夫两者各得其所欲，大者宜为下。

作为大国，应当像江河的下游那样具有谦下包容的胸怀。

天下之间的交往，要像天下的雌性那样。雌性一直因为安静而赢得雄性的追求，因为安静具有谦下的品质。所以大国以谦下的姿态对待小国，就会得到小国的归附；小国以谦下的姿态对待大国，就会得到大国的接纳。因此，要么是因为谦下得到别国的归附，要么是因为谦下而被别国接纳。大国不过想要扩大领土、集聚更多的人口，小国不过想要加入大国、向大国学习。要使两者都能够实现各自的愿望，大国应该谦和处下。

注释

大国者下流：大国应当像江河的下游那样具有谦和处下的胸怀。国：邦。下流：江河的下游段，因其地势低，是众多支流的汇聚之处。

天下之交：天下人与人、国与国之间的交往。

天下之牝：像天下的雌性那样。牝：鸟兽的雌性。

牝恒以静胜牡：雌性一直因为安静而胜过雄性。指在雌雄交往中，雌性容易得到雄性的追求，更具有优势。恒：一直。王弼本作"常"。静：安静。胜：超过，胜过。牡：泛指雄性。

以静为下：因为安静具有谦下的品质。下：谦下。

大国以下小国：大国以谦下的姿态对待小国。

取小国：获得小国的归附。取：得到，赢得。

则取于大国：就会被大国所取，指被大国所接受。王弼本没有"于"字。

兼：兼并，扩大疆域。

畜：通"蓄"，积聚。晁错《论贵粟疏》："薄赋敛，广畜积。"

事：以……为师，向……学习。

各得其所欲：各自得到想要的，各自能够实现愿望。

宜：应当。

延伸解读

上章说治国内政，本章谈外交。要用好的品德去吸引人，而不是用武力去征服人。这就是"以无事取天下"的真谛所在。

六十二章

道者，万物之奥，善人之宝，不善人之所保。

美言可以市，尊行可以加人。人之不善，何弃之有？故立天子，置三公，虽有拱璧以先驷马，不如坐进此道。

古之所以贵此道者何？不曰求以得，有罪以免邪？故为天下贵。

道，是万物的主宰，是善于生存者的宝贝，也是不善于生存者所要依靠的。

好话可以引导人，高尚的行为可以影响人。人之中那些不善于遵道而行的人，有什么理由放弃不管呢？所以设立天子，设置三公，虽然配有大璧、使用四匹马拉的车（忙忙碌碌治理天下），还不如坐着推荐用道来治理。

古代为什么如此重视这个道呢？不就是说只要寻求就可以得到它，有罪过可以避免再犯吗？所以被天下人重视。

奥：主，主事人，指主宰。帛书本作"注"，意思同"主"。

善人之宝，不善人之所保：是善于生存者的宝贝，也是不善于生存者所要依靠的。意思是谁都离不开道。善人：善于按照道的规律生存的人。宝：宝贵的东西，宝贝。保：依靠，依仗。《左传·僖公二十三年》："保君父之命而享其生禄，于是乎得人。"

美言：良言，好话。美：善。《国语·晋语》："彼将恶始而美终，以晚盖者也。"

市：原意是交换。这里指通过交流来引导。

尊行：值得尊重的行为，高尚的行为。

加：施加影响。

人之不善：人之中那些不善于按道生存的人。

何弃之有：有什么理由放弃不管呢？

立天子，置三公：设立天子，设置三公。此处指设立完备的朝廷管理体系。天子：对天下最高统治者的称呼。三公：指太师、太傅、太保，他们是权位最高的三位大臣。

虽有拱璧以先驷马：虽然配备大璧、使用四匹马拉的车，意思是虽然配置了很好的装备。有：配备。拱璧：大璧。因为很大，需要两只手才能拿稳，所以称为拱璧。拱：双手拿。璧：古代的一种平而圆、中心有孔的玉器。以：用，使用。先：前面。驷马：同拉一辆车的四匹马。

坐进：坐着推荐。进：推荐。《史记·孙膑传》：“于是忌进孙子于威王。”

贵：贵重，重视。

曰：说。

求：寻求，找寻。

有罪以免：有罪过可以避免再犯。此处意思是不遵循道的规律行事的时候容易犯错误，遵循道的规律办事就不会再犯错误了。罪：罪过，错误。免：避免。

延伸解读

本章阐述以道治理天下是最好的方式。

道，是万物的主宰。所以遵循道的法则治理天下，一切问题迎刃而解。

以人为的方式治理天下，虽然设置众多的管理职位、配备好的物质装备，忙忙碌碌、费心劳神，也很难取得好的治理效果。

六十三章

为无为，事无事，味无味。大小，多少，报怨以德。

图难于其易，为大于其细。天下难事，必作于易。天下大事，必作于细。是以圣人终不为大，故能成其大。夫轻诺必寡信，多易必多难。是以圣人犹难之，故终无难矣。

 译文

治理天下用顺应自然而为的方式，处事按照无事不生事的做法，对待饮食等生理需求遵循平淡的原则。用大与小、多与少之间的转化规律去解决实际问题，用德治去化解社会矛盾。

对付困难要在它还容易解决的时候下手，做大事要从小事做起。因为天下的难事必定是从容易的事开始累积的，天下的大事必定是从小事开始做的。所以圣人从不只想着做大事，因此能够做成大事。轻易许诺，必然会因无法兑现而造成缺乏信用；把事情想得越容易，做起来就越难。所以圣人做事时把它们当作困难的事情来对待，因此从来没有什么难事。

为无为：治理用顺应自然而为的方式。这是讲治理天下应当遵循的原则。为：治理。无为：顺应自然而为。见三章"为无为，则无不治"。

事无事：做事（主要指处理政事）不要主动干预，不要无事生事。这是讲处理具体政务应当遵循的原则。无事：不主动生事，不主动干预。

味无味：饮食追求平淡无味，引申为对待饮食等生理需求遵循平平淡淡的原则，不追求感官刺激。这是讲对待生理需求的原则。味：菜肴，食物，泛指吃饭等生理需求。无味：平淡，不刺激。

大小，多少：大与小、多与少之间的转化规律。这是解决具体问题应当遵循的原则。

报怨以德：对于社会矛盾用德治去应对。这是处理社会矛盾的原则。七十九章将对此给出具体做法。报：回报，回应。怨：怨恨，矛盾。德：遵道而行的品质，这里指德治。

图：设法对付。《左传·隐公元年》："蔓难图也。"（蔓

延开来就难以对付了。）

　　细：细小。

　　作：开始。

　　终：始终，从来。

　　轻诺：轻易许诺。

　　寡信：缺乏信用。

　　犹难之：如同对待困难一样对待它。犹：如同，好像。

延伸解读

　　本章阐述了治理天下应当遵循的几个原则："为无为，事无事，味无味。大小，多少，报怨以德。"并着重对"大小，多少"之间的转化规律在治理中的具体应用作了说明。

六十四章

其安易持，其未兆易谋，其脆易泮（pàn），其微易散。为之于未有，治之于未乱。合抱之木生于毫末，九层之台起于累土，千里之行始于足下。

为者败之，执者失之。是以圣人无为，故无败；无执，故无失。民之从事，恒于几成而败之。慎终如始，则无败事。

是以圣人欲不欲，不贵难得之货；学不学，复众人之所过，以辅万物之自然而不敢为。

局势处于安定状态时容易控制，问题还没有出现征兆时容易应对，弊端在软弱时容易解决，矛盾在微小时容易排解。在问题还没有发生时就要做好应对准备，在未出现乱象前就要采取措施进行整治。双臂合拢才能抱住的大树生长于细小的萌芽，九层高的楼台起于一筐土，千里行程开始于脚下一步。

（无视规律）按照自己的想法去行动的人会遭受失败，按照自己的意愿去操控事物的人会失去它。所以圣人顺应自然而为，因此不会失败；不按照自己的意愿去操控天下，因此不会失去天下。人们遵从规律做事，往往在快要成功的时候却失败了（，因为不能坚持到底、随意改变初衷）。谨慎地对待结束就像对待开始那样（始终如一），就不会失败。

所以圣人知道要做什么（按规律办事）、不要做什么（不随心所欲），不会去崇尚那些稀奇难得的东西；知道学习什么（自然规律）、不学习什么（主观人为的东西），纠正众人所犯的过失，以此来辅助万物走自然生存之道，而不敢凭着自己的主观意志去作为。

注释

其安易持：局势处于安定状态时容易控制。其：泛指事物。此处指国家或社会态势，下同。安：安定。持：控制，掌控。

其未兆易谋：问题还没有出现明显的征兆时容易谋划应对。未：没有。兆：征兆。谋：谋划。

其脆易泮：问题在软弱时易于化解。脆：柔弱，软弱。

泮：化解。

散：排解。《后汉书·冯衍传》："诵古今以散思兮。"

累：积聚。

为者败之，执者失之：（无视上述规律）按照自己的想法去行动的人会遭受失败，按照自己的意愿去操控事物的人会失去它。执：掌控，操控。失：失去。

圣人无为，故无败：圣人顺应自然而为，因此不会失败。无为：顺应自然而为。

从事：遵从规律做事。从：遵从，指遵从规律。

恒：常常，往往。王弼本作"常"。

几成：接近成功。几：接近。

慎终如始：快结束时仍然慎重如同开始那样。慎：慎重，不随意。

欲不欲：要做什么、不要做什么。这是对前面的总结，指要按规律办事、不随心所欲。欲：想要。不欲：不随心所欲。

学不学：学习什么、不学习什么。指学习自然规律和生存常识，不学主观人为的东西。

复：平复，纠正。

辅：帮助，辅助。

之：往，到……去。

本章内容接上一章。

首先阐述"图难于其易"的规律在防范化解矛盾、处理问题中的运用,"为大于其细"的规律在成就事业方面的运用。随后强调指出,按照规律办事就会成功,否则就会失败。按照规律办事,还要慎终如始,坚守初心。最后讲圣人要做的就是不随心所欲,要学的是客观规律、自然常识,其目的是帮助民众走顺应自然之路,而不是让自己主观作为。

古之善为道者，非以明民，将以愚之。

民之难治，以其智多。故以智治国，国之贼；不以智治国，国之福。

知此两者，亦稽（jī）式。恒知稽式，是谓玄德。玄德深矣远矣，与物反矣，乃至大顺。

古代善于践行大道的人，不是让民众变得聪明，而是让民众保持敦厚。

民众之所以难以治理，是因为他们有了太多的智巧。所以用智巧治理国家（，民众就会有智巧，就会难以治理），是国家的祸害；不用智巧治理国家，是国家的福分。

知道这两种方式的区别，也就知道了正确的治国方式。

一直懂得用正确的治国方式治理国家，就叫作符合道表现出的品质。道表现出的品质影响力深远，与具体事物的表现相反（，以不变的规律应对万物的变化），才使得整个世界实现顺利运转。

的千变万化不同，但却能以不变应万变的方式实现世界的顺利运行。乃：才。至：达到，实现。大：整个世界。顺：顺利。王弼本为"然后乃至大顺"。

延伸解读

　　本章内容承接上一章，阐述了不用聪明才智治理国家的方式符合"玄德"的自然之道。"玄德"和万物的关系，就像大树的根和叶，只有根稳如磐石，叶才会有活动的基础和空间。

六十六章

江海所以能为百谷王者，以其善下之，故能为百谷王。

是以欲上民，必以言下之；欲先民，必以身后之。

是以圣人处上而民不重，处前而民不害。是以天下乐推而不厌。以其不争，故天下莫能与之争。

江海之所以能成为众多河流的汇聚之处，是因为江海善于处在它们的下方，所以能成为众多河流的汇聚之处。

所以要想成为民众的统治者，必须在政策上体现出对民众的尊重；想要做民众的领导者，必须把自己的利益放在民众的利益之后。

所以圣人处在统治者位置上，民众不会受到压迫；处在领导者的位置，民众的利益不会受到侵害。所以天下人乐于拥戴他而不讨厌他。因为圣人不与人争，所以天下没有人能够与他相争。

百谷王：众多河流的汇聚者。百：泛指众多。谷：河流，水流。王：大，这里指众多河流的汇聚者。

以：因为。

善下之：善于处在众多河流的下方。类似于六十一章"大国者下流"的"下流"。

欲上民：要想做民众的统治者。上：在上面，指居于统治地位。

以言下之：用政策体现出自己在民众的下方，即所采取的政策是尊重民意的，民众的利益高于自己的利益。以：用，采取。言：政令，号令。下之：对民众谦和处下，尊重民众。之：民众。

先民：走在民众的前面，做民众的领导者。

以身后之：把自身的利益放在民众的利益之后。参考七章"后其身而身先"。

处上：处于统治地位，做君主。上：地位高的，特指君主、帝王。

不重：不会感觉沉重，不会感觉受到压迫。这里指没有高压政策，上下平等。重：分量大，沉重。

处前：处于领导位置。前：前头，指领导者。

不害：不会受到侵害、不会受到剥削等。

乐：乐意，愿意。

推：推举，拥戴。

不厌：不讨厌。

延伸解读

　　怎样才能成为一个好领导？一是要尊重百姓的意愿，用好的政策善待百姓；二是要尊重百姓的权利，把百姓的利益放在自己的前面。要做到不压迫百姓，不剥削百姓。

　　本章是对"以无事取天下"的又一论述。

六十七章

天下皆谓我道大，似不肖。夫唯大，故似不肖。若肖，久矣其细也夫！

我有三宝，持而保之。一曰慈，二曰俭，三曰不敢为天下先。慈，故能勇；俭，故能广；不敢为天下先，故能成器长。

今舍慈且勇，舍俭且广，舍后且先，死矣！

夫慈，以战则胜，以守则固。天将救之，以慈卫之。

天下的人都称我讲的道很伟大，似乎不像一般的大事物那样（容易认识）。正因为很伟大，所以才不像一般的大事物那样（容易认识）。如果道像一般的大事物，用了这么久它早就变得细小了！

我（从道的表现中）得到三个法宝，拥有它们并作为行事的遵循。第一个是慈爱，第二个是俭约，第三个是不敢把自己的利益置于天下人的利益前面。因为（对百姓）慈爱，所以（当国家受到侵犯时，人民就会为保卫国家）去勇敢战斗；因为（统治者）生活俭朴、行政简化（，百姓负担轻），因此（天下四方归附，）疆土广大；不敢把自己的利益置于天下人的前面，所以能够（得到天下民众的拥护而）成为天下的君主。

　　如果不对百姓慈爱，却逼迫百姓为非正义战争勇敢战斗；不去俭朴简政（、为民众减轻负担），却一心想要扩张地盘；不顾百姓的利益，却要做天下的君主：那就是死路一条！

　　拥有慈爱，用于战斗就会取胜，用于防守就能牢不可破。上天要救助谁，就会用慈爱去保护谁。

　　似不肖：感觉不像具体有形的大事物那样。似：似乎，感觉。肖：相似。

　　久矣其细也夫：经过这么久远它早就变得细小了。久：时间久远。细：变得细小。也夫：语气词，表示感叹。

　　我有三宝：我（从道的表现中）得到三个法宝，我总结出三条宝贵的经验。有：获得，得出。宝：法宝，宝贵的做法。

持而保之：持有它们并把它们作为行事的依靠（准则）。持：持有，拥有。保：依靠，倚仗。见前文"不善人之所保"。

慈，故能勇：因为对百姓慈爱，所以人民就会为保卫国家去勇敢战斗。慈：慈爱，指对百姓慈爱。勇：勇敢战斗。

俭：节俭，指生活朴素，索取少，行政干预少。

广：扩大疆域。《史记·乐毅列传》："破宋，广地千里。"

不敢为天下先：不敢把自己的利益置于天下人的利益前面。先：居前，优先。

器长：君主，领袖。器：象征社稷或国家的器物。

今：如果，假设。

舍：舍弃，不做。

且：而，却。

夫慈，以战则胜：拥有慈爱，用于作战就会取得胜利。君王对百姓好，则百姓就会对君王信任、爱戴，上下一心，团结一致，汇聚成强大的力量，打败敌人。《孙子兵法·计篇第一》："道者，令民与上同意也。"（用兵之道，要让民众与统治者上下一心。）

以慈卫之：用慈爱保护他，即让他拥有慈爱之心就能得到保护，而不是用世俗人眼中的武装力量。帛书本为"以慈垣之"。垣：城墙，此处指护卫、拱卫。

　　老子从难以捉摸的大道中提炼出统治者应当遵循的三大法宝：慈、俭、不敢为天下先，并阐述了有"慈"才会有"勇"、有"俭"才会有"广"、有"不敢为天下先"才会有"成器长"的因果关系。如果搞反了，就像不付出却要得到，是行不通的。

　　道的伟大之处在于利天下；相应地，人君以慈爱对待百姓。道的品质是生养万物而不居功、不求回报、不主宰；相应地，有道的人君应当生活上简朴、行政上少干预，不与民争利、不高高在上。

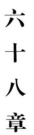

六 十 八 章

善为士者不武，善战者不怒，善胜敌者不与，善用人者
为之下。是谓不争之德，是谓用人之力，是谓配天、古
之极。

善于按道行事的人不使用武力，善于作战的人不会因发
怒（而开战），善于战胜敌人的人不用与敌人交战，善于管
理人的人对人谦和处下。这就是不争的品德，这就是管理人
方面的能力，这就最符合自然的运行规律和远古已有的
做法。

为士：行道的人。

不武：不使用武力。

善战者不怒：善于作战的人不会因发怒而开战。为什么？因为他知道战争是迫不得已而采取的手段（见三十章"果而不得已"），不是为了个人发泄情绪。《孙子兵法·火攻篇》："主不可以怒而兴师，将不可以愠而致战。"意思是善于利用战争这个手段的人，不会因为个人情绪而开启战端。

不与：不用与敌人交战。《孙子兵法·谋攻第三》："不战而屈人之兵，善之善者也。"与：交往，这里指交手、交战。

用人：管理人民。用：管理，治理。《荀子·富国》："仁人之用国，将修志意，正身行。"

为之下：对他们谦和处下，尊重他们。

力：能力。

配：与……相配，符合。

天：上天，自然。

古有：自古就有的。

极：最。

延伸解读

本章描绘了"善为士者""善战者""善胜敌者""善用人者"的最高境界。他们都具有不争的品德、善于管理人的能力。

在具体战役中的"怒"，《孙子兵法·计篇》有"怒而挠之"。例如，三国时期的诸葛亮第六次出祁山伐魏时，在渭河南岸与司马懿对峙一百余天。为逼司马懿出兵决战，诸葛亮用尽了办法，甚至派人给司马懿送去一套女人衣服激怒他。但司马懿不为所动，坚守不出。诸葛亮的激怒之计没有奏效，司马懿最终取得了胜利。

用兵有言："吾不敢为主而为客，不敢进寸而退尺。"是谓行（háng）无行（xíng），攘无臂，执无兵，乃无敌。

祸莫大于轻敌，轻敌几丧吾宝。

故抗兵相加，哀者胜矣。

用兵有这样的话："我不敢主动进攻而是采取防御；我不敢前进一寸土地（，为了避免战争），而宁愿后退一尺。"这是说，有能够排兵布阵的军队却不去发动战争，有挽起袖子进行战斗的勇气却不去出手挑衅，握着武器却让武器没有用武之地（，这样既威胁不到别人又有遏制侵略的能力），就不会发生战争了。

灾祸没有比轻视敌人更严重的了，轻视敌人（就是没有把战争的残酷性放在心上），几乎把自己慈爱的宝贵原则丢弃了。

所以抗击强加于身的侵略战争，怀着悲愤的心情进行自卫的一方能够获胜。

主、客：主指主动进攻，客指防御。

进寸：前进一寸，指侵略。

退尺：后退一尺，指忍让。

行无行：拥有能够排兵布阵的军队却不去发动战争。行（háng）：原意是行列，这里指排兵布阵，引申为能够排兵布阵、训练有素的军队。无：不。行（xíng）：行动，指主动进攻、发动战争。参见二十九章"或行或随"。

攘无臂：具有挽起袖子进行战斗的勇气却不出手挑衅。攘：捋起或挽起袖子，指有勇气、不惧怕战争。臂：伸出胳膊，指出手。

执无兵：握着武器却让武器没有用武之地。执：持有，指拿着武器。兵：用兵器杀人。《史记·伯夷列传》："左右欲兵之。"

乃无敌：就不会（因为敌对而）发生战争。乃：于是，就。敌：敌对，这里指因敌对而发生战争。

行无行，攘无臂，执无兵，乃无敌：帛书甲、乙本均如此，严遵本、傅奕本、河上公本等"乃无敌"作"仍无敌"，"仍"与"乃"意思相同，都是"于是""就"的意思。《史记·淮南衡山列传》："仍父子再亡国，各不终其身，为天下笑。"王弼本为"行无行，攘无臂，扔无敌，执无兵"。

轻敌几丧吾宝：轻视敌人（就是没有把战争的残酷性和对生命的关爱放在心上），几乎把自己慈爱的宝贵原则丢弃了。战争意味着无数人的生死存亡，必须高度重视，轻敌是不重视战争、不把人命放在眼里的典型表现，与"慈"是背道而驰的。几：几乎。宝：见六十七章所说的三宝中的第一宝"慈"。

抗兵相加：抗击强加于身的侵略战争。抗：抵抗。兵：战争。加：施加，这里指侵略。帛书本、傅奕本等为"抗兵相若"。

哀者胜矣：生存受到威胁而悲愤地进行反击的一方会取得胜利。此处指为正义而战的一方会最终取得胜利。哀：悲愤。例如：抗日战争，历史上的淝水之战、赤壁之战，都是以侵略者的失败而告终。

延伸解读

因为慈爱，所以重视战争的危害，既不去发动战争，又重视预防战争。如果不幸发生战争，就要尽量减少伤亡。轻敌，是对战争残酷性和人民生命财产权的漠视，不是慈爱者所为。为抵抗侵略、保护广大生命的正义战争，必定众志成城，获得最后胜利。

本章是对前两章内容的进一步阐述。

七十章

吾言甚易知，甚易行。天下莫能知，莫能行。言有宗，事有君。夫唯无知，是以不我知。知我者希，则我者贵。是以圣人被（pī）褐怀玉。

我的话很容易理解，很容易实行。天下没有人能理解，没有人能实行。说话应当有根据，做事应当有遵循。正是因为没有人明白这个道理，所以才不理解我。理解我的人很少，效法我的人很可贵。所以圣人虽然表现朴素（，但因为明白大道、践行大道），因此有着像宝玉一般贵重的品质。

注释

吾言：我说的这些话。

知：理解，明白。

行：实行，做到。

莫：没有谁。

言有宗：说话有根据。宗：本源，根据。

事有君：做事有主导。指做事要有所遵循，不能想怎么干就怎么干。君：主宰，主导。

夫唯……是以……：正因为……所以才……

不我知：倒装句，不知我，不理解我。《论语·卫灵公》："君子病无能焉，不病人之不己知也。"知：了解，懂得。

希：稀少，罕见。

则：效法，学习。

贵：可贵。

被褐怀玉：穿着粗布衣服却怀抱美玉。指外在表现朴素，胸怀高尚品质。被：穿着，后写作"披"。褐：用大麻、兽毛等经简单加工而织成的衣服，指粗布衣服。玉：宝玉，指像宝玉一般珍贵的品质。

延伸解读

本章阐述了大道很容易实行却行不通的原因。因为人们（主要是统治者）只愿意按照自己的主观意愿去说去做，而不懂得说话要有根据、做事要有遵循的基本道理。

七十一章

知不知，上；不知知，病。夫唯病病，是以不病。圣人不病，以其病病，是以不病。

译文

知道自己有不知道的事情，是优点；不知道却自以为知道，是毛病。正因为担忧患上这个毛病（，一直去避免），所以才不会有这个毛病。圣人没有这个毛病，因为他担忧患上这个毛病，所以没有这个毛病。

注释

知不知：知道自己有不知道的事情。第一个"知"，意思是"知道"，动词。第二个"知"，意思是"知道的事情"，名词。

上：上等，等级或品质好的，指优点。《孙子兵法·谋攻篇》："凡用兵之法，全国为上，破国次之。"又如："三十六计，走为上计。"帛书甲、乙本，傅奕本，范应元本等均作"尚"。

病：毛病，缺点。

夫唯病病，是以不病：正因为担忧患上这种毛病，所以才不会有这种毛病。第一个"病"，意思是"担心""忧虑""害怕"。《论语·卫灵公》："君子病无能焉，不病人之不己知也。"第二个"病"，意思是"毛病""缺点"。帛书甲、乙本均无"夫唯病病，是以不病"这句。

以：因为。

是以：所以。

延伸解读

此章讲认识的态度，指出客观地认识事物的重要意义。只有客观地、正确地认识世界，才能做到不自见、不自是、不自伐、不自矜。

本章是对上一章"知"与"行"的进一步论述。下一章开始讲"知"在治国实践中的重要作用。

七十二章

民不畏威，则大威至。

无狎（xiá）其所居，无厌（yā）其所生。夫唯不厌（yā），是以不厌（yàn）。

是以圣人自知不自见（jiàn），自爱不自贵。

故去彼取此。

民众不害怕统治者的惩罚了，那么统治者就会用更严厉的惩罚去对付他们（，这样就会造成更严重的对立，社会矛盾就升级了）。

（正确的做法是）不限制民众的生活自由，不压迫他们的生存空间。正因为不压迫民众，所以才不会引发民众的厌恶。

所以圣人自己知道这些道理，不会一意孤行；自己爱惜自己（，也知道别人需要爱惜），所以不把自己看得比别人高贵。

因此，抛弃强权霸道而采取互相尊重、平等共处。

注释

威：惩罚，威慑。《后汉纪·献帝纪五》："吾（孔明）今先威以法，法行则知恩；限之以爵，爵加则知荣。"

无狎其所居：不要限制民众的生存空间，即不要限制民众的自由。狎：同"狭"，使狭窄，指挤压、限制。居：生活。

无厌：不压迫。厌：逼迫，压迫。

生：生存。

不厌：不厌恶。

自知：自己知道上面说的这个道理。

不自见：不会只按自己的意见行事，不一意孤行。自见：自己的主观看法。见：见解，看法。

自爱不自贵：自己懂得爱惜自己，推己及彼，也会爱惜别人，所以不会把自己看得比别人高贵，不去轻视别人。

延伸解读

压迫民众，必然遭到民众的反抗。所以统治者不去限制民众、压迫民众，而要与民众和谐共处、平等相待。

本章及下面两章是对前面两章所说的"知（认识）"在治理社会中的具体运用。

七十三章

勇于敢，则杀；勇于不敢，则活。此两者或利或害。天之所恶，孰知其故？是以圣人犹难之。

天之道，不争而善胜，不言而善应，不召而自来，绰（chǎn）然而善谋。天网恢恢，疏而不失。

 译文

勇敢地去做胆大妄为的事情，就是走向死亡；勇敢地不去做胆大妄为的事情，就是走向生路。这两种做法，一种有利，一种有害。上天所厌恶的，有谁知道其中的缘故呢？所以圣人像对待难事一样重视它。

上天的运行法则是，不争却善于取胜，不用说教却善于处理得当，不用邀请却能自动而来，不慌不忙却善于谋划好一切。天网广大，虽然网眼稀疏无形，但不会漏掉任何东西。

勇：勇敢。

敢：有胆量，指胆大妄为。

杀：死。

勇于敢，则杀；勇于不敢，则活：勇敢于胆大妄为，就是死路；勇敢于小心行事，就是活路。不敢：不胆大妄为，指小心行事。

孰：谁。

是以圣人犹难之：所以圣人对待它如同对待困难。帛书本等多数古本没有此句。犹：如同，好像。见六十三章“圣人犹难之”。

天之道：上天的运行法则，大自然的运行法则。天：上天，大自然。

不言：不说教，不干预。

应：应对，处理。《庄子·齐物论》：“枢始得其环中，以应无穷。”

召：邀请。

绰然：舒缓、不慌不忙的样子。

天网恢恢，疏而不失：天网广大，虽然网眼稀疏无形，但不会漏掉任何东西。指世界上一切事物都受道及其规律的约束。天网：无形的规律之网。恢恢：广大，宽广。疏：稀疏。失：丢掉，失去。

延伸解读

本章后半部分是前半部分的依据。

要正确认知"敢"与"不敢"。人生真正的勇敢是遵循规律、谨慎行事；胆大妄为、我行我素，不是勇敢而是冒险。

（上天）大自然有自己的运行规则和因果之道。人应该遵循规则，重视因果，以不争的态度处世。

七十四章

民不畏死，奈何以死惧之？若使民恒畏死，而为奇者，吾得执而杀之，孰敢？

恒有司杀者杀。夫代司杀者杀，是谓代大匠斫（zhuó）。夫代大匠斫者，希有不伤其手矣。

民众被逼迫到了不怕死的地步，怎么还用死来吓唬他们呢？如果（把社会治理得幸福祥和，）让民众一直珍爱生命、害怕死亡，而对那些作恶的人，我们可以把他们抓起来杀掉，谁还敢作恶呢？

永远设有负责杀人的机构去做杀人的事情。代替负责杀人的机构去杀人，这就叫代替高明的木匠去砍木头。那些代替高明的木匠砍木头的人，很少有不砍伤自己手的。

注释

民不畏死：民众到了不怕死的地步。意指民众生活在水深火热之中。

奈何以死惧之：怎么还用死来吓唬他们呢？奈何：用反问的方式表示"如何"。

使民恒畏死：让民众一直珍爱生命、恐惧死亡。指社会治理得好，人民生活幸福，自然珍爱生命，害怕死亡。恒：王弼本作"常"字，永远，一直。

为奇：作恶。奇：诡诈，邪恶。

得：可以，能够。

执：捉拿，抓起来。

孰敢：谁还敢（作恶）？

恒有司杀者杀：永远设有负责杀人的机构去做杀人的事情。指杀人应当由专门的机构依法进行，不能随便杀人。恒：王弼本作"常"。有：存在，设有。司杀者：负责杀人的机构。司：掌管，负责。

夫：语气词。

大匠：技术水平高的木匠。

斫：砍。

希：很少，罕见。

　　本章是对上章的延续。阐述了以遵循自然规律（道德）为主、以遵循法律规范为辅的治国思想。

　　以道治国，让民众过上幸福的生活，则民众必然珍爱生命；对于个别作奸犯科的人，用法律加以惩罚，社会自然和谐安定。同时强调，必须尊重人的生命权，要设立专门的机构审理、执行杀人事宜，其他人无权随意剥夺他人的生命。这与二十章"人之所畏，不可不畏"遥相呼应。

民之饥，以其上食税之多，是以饥。

民之难治，以其上之有为，是以难治。

民之轻死，以其求生之厚，是以轻死。

夫唯无以生为者，是贤于贵生。

民众之所以吃不饱，是因为他们的统治者向他们征收粮食赋税太多、剥削太重，所以吃不饱。

民众之所以难以治理，是因为他们的统治者做事太主观妄为（而上行下效），所以难以治理。

民众之所以不把死当回事，是因为他们追求生活享受（而不顾生命安全），所以不把死当回事。

只有不把人生有所作为当回事的人，比看重人生有所作为的人高明。

饥：吃不饱，食不果腹。

上：上级，指统治者。

食税：征收粮食赋税。古代以农业为主，所以赋税也以粮食为主。

轻死：轻视死亡，不把死当回事。

求生之厚：追求优厚的生活，追求享受的生活。意思是为了过上好的生活，冒着生命危险去获取物质利益和权势地位。求：追求。生：生活。之：助词，无实际意义。厚：优厚。

唯：只有。

无以生为：不认为人生应当有作为。无：不。以：以为，认为。《国策·齐策一》："皆以美于徐公。"为：有作为。

是贤于贵生：好于那些看重人生有作为的人。是：表示肯定或加强肯定之词。贤：好。贵生：重视人生作为的人。贵：重视，看重。

延 伸 解 读

本章进一步阐述了民众食不果腹、难于治理、漠视生死等社会问题，都是由统治者在治国上的无知（盘剥百姓、主观妄为、带头奢靡享乐）造成的。

七十六章

人之生也柔弱，其死也坚强。万物草木之生也柔脆，其死也枯槁。故坚强者死之徒，柔弱者生之徒。

是以兵强则不胜，木强则共。强大处下，柔弱处上。

人在活着的时候身体是柔软的，死后就变得坚硬了。万物草木在活着的时候是柔脆的，死后就变得干枯了。所以，坚硬的东西属于死亡一类，柔软的东西属于生命一类。

所以，把军队搞得过于强大并不会取得最终的胜利，树木长得太快了就会弯曲。追求强大是下策，柔弱处事才是上策。

人之生：人活着。之：助词，没有实际意义。如：《左传·子鱼论战》："天之弃商久矣。"

柔弱：柔软。

坚强：坚硬，僵硬。

枯槁：干枯。

徒：同一类。

兵强则不胜：发展过于强大的军队并不会取得最终的胜利。原因：第一，天下归附不是靠武力征服，而是靠人心的归附；第二，拥有强大的军队耗费巨大，国家容易被拖垮。兵强：追求军队强大。兵：军队。

木强则共：树木长得太快就会弯曲。意思是树木长得太快，营养跟不上，导致木质疏松，容易弯曲变形。木强：指树木急于长高长大。共：同"拱"，弯曲。河上公本、严遵本、傅奕本、范应元本等大多数古本作"木强则共"。《列子·黄帝篇》《淮南子·道训》作"木强则折"。折：弯曲。王弼本作"木强则兵"。帛书甲本作"木强则恒"，帛书乙本作"木强则兢"。楚简本未见本章节。

强大处下：追求强大是处事的下策。见三十章的"物壮则老"。下：等级或品级低下。

延伸解读

　　本章对前几章做了总结。前几章说了，统治者对民众进行残酷统治，不但让民众生活在水深火热之中，而且会引发民众的反抗，伤及统治者自己，无法造就一个和谐的社会。本章指出，只有抛却强硬，采取柔和宽松的政策，才是治理的根本之道。

七十七章

天之道，其犹张弓欤（yú）？高者抑之，下者举之，有余者损之，不足者补之。

天之道，损有余而补不足。人之道则不然，损不足以奉有余。孰能有余以奉天下？唯有道者。

是以圣人为而不恃，功成而不处。其不欲见（xiàn）贤。

 译文

大自然的运行法则，不就和拉弓射箭一样吗？射高了就向下压一压，射低了就向上抬一抬，多了的就减一减，不足的就补一补。

大自然的运行法则，是减损有余的去补充不足的（，所以均衡）。人世间的做法却不是这样，消减贫穷的百姓去供养富裕的统治者（，所以贫富差距巨大）。谁能将富余的部分供给天下不足的群体呢？只有按照道治理天下的人（才会这样做）。

所以圣人为天下做了事情而不仗着自己有本事，为天下做出了成就而不看作是自己的功劳，这是不表现出自己比别人高明（，这是向上天学习的结果）。

注释

天之道：上天的运行法则，大自然的运行法则。天：上天，大自然。

犹：如同。

张弓：开弓射箭。

欤：疑问词，用于句末，相当于"吗"。王弼本作"与"。

高者：射得高了。

抑：向下压，按。

下者：射得低了。

举：抬起。

损不足以奉有余：消减贫穷的百姓去供养富裕的统治者。损：消减，减少。不足：指贫穷的百姓。以：连词，表目的关系，去，用来。奉：供给。有余：指富足的统治者。

人之道：人间的做法。

道者：按照道的规律治理天下的人。

恃：凭借，仗着。

处：置身于，这里指居功。

见贤：显示高明。见：同"现"，表现。

延伸解读

治理天下要向大自然学习，倡导均衡公平，而不是贫富差别，更不是剥削和压迫。

从另一个角度来说，"有余补不足"是以长补短，是成功之道；"不足奉有余"，是短处对别人的长处，是不自量力、自取失败。

七十八章

天下莫柔弱于水，而攻坚强者莫之能胜，以其无以易之。

弱之胜强，柔之胜刚，天下莫不知，莫能行。

是以圣人云："受国之垢，是谓社稷主；受国不祥，是谓天下王。"

正言若反。

天下没有什么比水更柔弱的了，然而坚硬的东西击打它没有能胜过它的，因为坚硬的东西没有办法改变它。

弱的行事方式胜过强硬的行事方式，柔的行事方式胜过刚猛的行事方式，天下没有人不知道，但没有人这样做。

所以圣人说："能够为国家忍辱负重的，这才是称职的君主；在国家危难之时敢于担当的，这样的人才能成为天下的君王。"

正面的话听起来像反话一样。

莫：没有什么，没有谁。

于：比，胜过。《荀子·劝学》："冰，水为之，而寒于水。"

攻坚强者：即"坚强者攻之"，用坚硬的东西击打它。坚强：坚硬。

莫之能胜：没有谁能胜过。之：助词，没有实际意义。

以其无以易之：因为坚硬的东西没有办法去改变它。意思是水柔软无常形，再坚硬的东西也拿它没法子。王弼本作"其无以易之"。无以：无法，不能。易：改变。

弱之胜强：弱的行事方式胜于强硬的行事方式，即弱能克强。弱：指弱的行事方式。强：指强硬的行事方式。

受国之垢，是谓社稷主：能够承受国家的耻辱，才称得上是社稷之主。指能够从国家大局出发，忍辱负重，才是称职的君主。国：邦。垢：耻辱。是谓：这才是。社稷："社"指土神，"稷"指谷神，古代君主都祭社稷，后来就用"社稷"代表国家。

受国不祥，是谓天下王：能够承担国家危难，这样的人才有资格做天下的君王。王弼本作"是为天下王"，其他版本大多为"是谓天下王"。不祥：灾难，灾祸。是：代词，这，这样的人。

延伸解读

坚硬的东西入水，水的原则是你进我退、你退我进。这是一种包容式的以柔克刚的处事方式。

合格的统治者对待子民应该柔和、包容、有耐心、有担当，而不是为了强权、荣耀、富贵、推卸责任。没有宽广胸怀的人不适合做领导。

七十九章

和大怨，必有余怨，安可以为善？

是以圣人执左契，而不责于人。

有德司契，无德司彻。

天道无亲，恒与善人。

 译文

（在对立的社会，）大的矛盾虽然得到化解，必然会留有小矛盾（，进而又发展成大矛盾），这怎么能算是好的治理方式呢？

所以圣人治理天下，类似把东西借给别人只保留借据，却不向别人索要（，所以不会激化矛盾）。

有德的统治者帮助民众而不向百姓索取；无德的统治者只会向百姓征税（剥削民众）。

自然法则无所偏爱，总是帮助善于按照规律行事的人。

 注释

和大怨，必有余怨：大的怨恨虽然得到化解，但必然会留下小的矛盾。意思是如果社会治理不走正道，即使能够将大的矛盾暂时化解掉，不起眼的小矛盾一定会像割过的韭菜一样再次发展成大矛盾，因为根本在于治理方式有问题，治标不治本。和：和解，化解。怨：怨恨，矛盾。

安：怎么，哪里。

善：好。

执左契：拿着契约的左券。古代的契约，是用竹木制成的，中间刻横画，两边刻相同的文字，记财物的名称、数量等，然后劈为两片：左片就是左契，刻着负债人姓名，由债权人保存；右片叫右契，刻着债权人的姓名，由负债人保存。财物归还时，以两契相合为凭据。

责：索取，索要。

有德：指按照规律行事的统治者。德：遵道而行的品质。

司契：掌管契约。

无德：不按照规律行事的统治者。

司彻：掌管税收，向百姓收税。彻：周代的田税制度。

天道无亲：自然法则无所偏爱。

恒与善人：总是帮助善于按照规律行事的人。见二十三章的"同于道者，道亦得之"。恒：王弼本作"常"。与：帮助。善人：善于按照规律行事的人。

　　本章是对六十三章"报怨以德"的具体阐述。

　　圣人治理天下，采取的是像借东西给别人只保留契约一样的方式去帮助百姓，而不是去向百姓强行索取。不产生怨恨、矛盾的社会，才是真正的和谐社会。

八十章

小国寡民。

使有什（shí）伯（bǎi）之器而不用，使民重死而不远徙。虽有舟舆，无所乘之；虽有甲兵，无所陈之。使民复结绳而用之。

甘其食，美其服，安其居，乐其俗。

邻国相望，鸡犬之声相闻，民至老死不相往来。

（最理想的社会形态是）国家小，民众少。

即使有数十人上百人能同时使用的大器具而不去用它，让民众因为珍爱生命而不愿冒险向远方迁徙。虽然有船和车，却没有什么事情需要乘坐；虽然有军队，却没有机会陈兵对敌。让民众（因为生活简单、挂心事少）恢复在绳子上打结的方式来记事。

让百姓吃得香甜，穿得漂亮，住得舒适，生活得快乐。

这样，相邻国家的人们彼此可以看见，鸡犬的叫声互相可以听见，（心情平静、没有攀比之心的）民众一辈子也不会来往交流。

注 释

小国寡民：国家划分得越小越好，民众越少越好。这样的国家既容易治理，又不会产生做大做强的野心，这样国与国之间彼此相安无事，避免了兼并带来的无休止的战乱，可以维持社会的和平。国：邦，诸侯国。

使：第一个"使"是即使的意思，后两个"使"是"让"的意思。

什伯之器：数十人上百人能同时使用的大器具。什：十。伯：通"佰"，一百。

重死：重视死亡，珍爱生命。

徙：迁徙。

舟舆：船和车。

甲兵：军队。《荀子·王智》："故不战而胜，不攻而得，甲兵不劳而天下服。"

无所陈之：没有什么机会陈列它，指无用武之地。意思是世界很和平，军队没有用武之地。陈：陈列。之：甲兵。

复：恢复。

结绳：结绳记事。指操心事少，生活简单。古代在绳子上打结来记事，大事打大结，小事打小结。

用之：用来记事。

甘其食：让百姓吃得香甜。甘：味道甜美。

美其服：让百姓穿得漂亮。美：漂亮，好看。

安其居：让百姓住得舒适。安：舒适。居：居住。

乐其俗：让百姓有快乐的生活风俗，让百姓生活得快乐。乐：快乐。俗：风俗，生活习惯。

<u>甘其食，美其服，安其居，乐其俗</u>：蕴含了两层意思，一是物质层面的，解决了大众吃、穿、住、行的基本需求，人民过上了好日子；二是精神层面的，民众思想回归淳朴境界，安于基本需求的满足，没有不切实际的欲望。

相望：互相看得见。

相闻：互相听得见。

民至老死：民众到老到死，民众一辈子。

延伸解读

这是社会大治的理想状态。

水有落差才流动，人有不平才攀比。消除差别，就消除了争斗的根源，让民众过上幸福生活，社会自然和谐长久。

八十一章

信言不美，美言不信。

善者不辩，辩者不善。

知者不博，博者不知。

圣人不积，既以为人己愈有，既以与人己愈多。

天之道，利而不害。圣人之道，为而不争。

真实的话语不动听，动听的话语不真实。

善于按规律办事的人不会与人争辩，喜欢与人争辩的人不善于按规律办事。

懂得规律的人不追求知识广博，追求知识广博的人不懂得规律。

圣人不为自己积累什么，尽力去为民众谋利益，他自己越富有；尽力去帮助民众，他自己收获越多。

自然的运行法则是，利于万物而不加害万物。圣人的处事原则是，为民众谋利益而不去与民众相争。

信言：真实的话语。信：真实的。

美：华美，好听。

善者不辩：擅长按规律办事的人不与人争辩。意思是，真理不是辩论出来的，关键是践行。辩：辩论，争辩。善：擅长。

知者不博：懂得规律的人不追求博学。意思是，大道至简，表现在万物上则形态各异，令人难以把握。但纲举目张，所以抓住根本就够了。博：追求博学多知。

博者不知：追求博学的人不懂得规律。意思是，世界万物表现各异，我们即使耗尽精力掌握再多的知识也不过是九牛一毛，而且容易被表象所迷，难得真谛。

既以为人己愈有：尽力去为人民谋利益，他自己越富有。既：尽，尽力。以：去，用来。为人：为民众谋利益。愈：越，更加。有：富有。

与人：帮助人民。与：帮助。

真实的话朴素自然，不用修饰。被修饰的话没有几分可信度。

大道及其规律是固有的，善行者注重践行，所以不去辩解。而不懂大道及其规律的人有是非之惑，所以才会通过辩论以期找到真理，但真理不是辩出来的。

大道至简，放之四海而皆准，但其外在表现却物物不同，千姿百态。所以，懂道的人不需要知道太多外在表象，把握住根本规律就行了。但知道太多外在的人，往往被外在的虚华万象所迷惑，反而忘却了根本，是舍本逐末。

圣人的价值观就是，全心全意为民众谋利益。

自然的法则是利于万物而不加害万物，圣人的处事原则是为民众谋利益而不去与民众相争。

从第一章道"无名"到第八十一章圣人"不争"，首尾呼应。

道德经

（王弼本）

一　章

　　道可道，非常道。名可名，非常名。无名，天地之始。有名，万物之母。故常无欲，以观其妙。常有欲，以观其徼。此两者同出而异名，同谓之玄。玄之又玄，众妙之门。

二　章

　　天下皆知美之为美，斯恶已；皆知善之为善，斯不善已。故有无相生，难易相成，长短相较，高下相倾，音声相和，前后相随。是以圣人处无为之事，行不言之教。万物作焉而不辞。生而不有，为而不恃，功成而弗居。夫唯弗居，是以不去。

三　章

不尚贤，使民不争；不贵难得之货，使民不为盗；不见可欲，使民心不乱。是以圣人之治，虚其心，实其腹；弱其志，强其骨。常使民无知无欲，使夫智者不敢为也。为无为，则无不治。

四　章

道冲，而用之或不盈。渊兮，似万物之宗。挫其锐，解其纷；和其光，同其尘。湛兮，似或存。吾不知谁之子，象帝之先。

五　章

天地不仁，以万物为刍狗；圣人不仁，以百姓为刍狗。天地之间，其犹橐籥乎？虚而不屈，动而愈出。多言数穷，不如守中。

六　章

谷神不死，是谓玄牝。玄牝之门，是谓天地根。绵绵若存，用之不勤。

七　章

天长地久。天地所以能长且久者，以其不自生，故能长生。是以圣人后其身而身先，外其身而身存。非以其无私邪？故能成其私。

八　章

上善若水。水善利万物而不争，处众人之所恶，故几于道。居善地，心善渊，与善仁，言善信，正善治，事善能，动善时。夫唯不争，故无尤。

九　章

持而盈之，不如其已。揣而锐之，不可长保。金玉满堂，莫之能守。富贵而骄，自遗其咎。功遂身退，天之道。

十　章

载营魄抱一，能无离乎？专气致柔，能婴儿乎？涤除玄览，能无疵乎？爱民治国，能无知乎？天门开阖，能无雌乎？明白四达，能无为乎？

生之畜之，生而不有，为而不恃，长而不宰，是谓玄德。

十一章

三十辐共一毂，当其无，有车之用。埏埴以为器，当其无，有器之用。凿户牖以为室，当其无，有室之用。故有之以为利，无之以为用。

十二章

五色令人目盲，五音令人耳聋，五味令人口爽，驰骋畋猎令人心发狂，难得之货令人行妨。是以圣人为腹不为目，故去彼取此。

十三章

宠辱若惊，贵大患若身。何谓宠辱若惊？宠为下，得之若惊，失之若惊，是谓宠辱若惊。何谓贵大患若身？吾所以有大患者，为吾有身，及吾无身，吾有何患？故贵以身为天下，若可寄天下；爱以身为天下，若可托天下。

十四章

视之不见名曰夷，听之不闻名曰希，搏之不得名曰微。此三者不可致诘，故混而为一。其上不皦，其下不昧，绳绳不可名，复归于无物。是谓无状之状，无物之象，是谓惚恍。迎之不见其首，随之不见其后。执古之道以御今之有。能知古始，是谓道纪。

十五章

古之善为士者，微妙玄通，深不可识。夫唯不可识，故强为之容：豫焉，若冬涉川；犹兮，若畏四邻；俨兮，其若客；涣兮，若冰之将释；敦兮，其若朴；旷兮，其若谷；混兮，其若浊。

孰能浊以静之徐清？孰能安以久动之徐生？保此道者不欲盈。夫唯不盈，故能蔽不新成。

十六章

致虚极，守静笃。万物并作，吾以观复。夫物芸芸，各复归其根。归根曰静，是谓复命。复命曰常，知常曰明。不知常，妄作，凶。知常容，容乃公，公乃王，王乃天，天乃道，道乃久，没身不殆。

十七章

太上，下知有之；其次，亲而誉之；其次，畏之；其次，侮之。信不足焉，有不信焉。悠兮，其贵言。功成事遂，百姓皆谓我自然。

十八章

大道废，有仁义。慧智出，有大伪。六亲不和，有孝慈。国家昏乱，有忠臣。

十九章

绝圣弃智，民利百倍；绝仁弃义，民复孝慈；绝巧弃利，盗贼无有。此三者，以为文不足，故令有所属，见素抱朴，少私寡欲。

二十章

　　绝学无忧。唯之与阿，相去几何？善之与恶，相去若何？人之所畏，不可不畏。荒兮，其未央哉！众人熙熙，如享太牢、如春登台；我独泊兮，其未兆，如婴儿之未孩，傈傈兮，若无所归。众人皆有余，而我独若遗。我愚人之心也哉！沌沌兮。俗人昭昭，我独昏昏；俗人察察，我独闷闷。澹兮，其若海；飂兮，若无止。众人皆有以，而我独顽似鄙。我独异于人，而贵食母。

二十一章

　　孔德之容，惟道是从。道之为物，惟恍惟惚。惚兮恍兮，其中有象；恍兮惚兮，其中有物；窈兮冥兮，其中有精；其精甚真，其中有信。自古及今，其名不去，以阅众甫。吾何以知众甫之状哉？以此。

二十二章

　　曲则全，枉则直，洼则盈，敝则新，少则得，多则惑。是以圣人抱一，为天下式。不自见，故明；不自是，故彰；不自伐，故有功；不自矜，故长。夫唯不争，故天下莫能与之争。古之所谓"曲则全"者，岂虚言哉！诚全而归之。

二十三章

希言自然。故飘风不终朝，骤雨不终日。孰为此者？天地。天地尚不能久，而况于人乎？故从事于道者，道者同于道，德者同于德，失者同于失。同于道者，道亦乐得之；同于德者，德亦乐得之；同于失者，失亦乐得之。信不足焉，有不信焉。

二十四章

企者不立，跨者不行，自见者不明，自是者不彰，自伐者无功，自矜者不长。其在道也，曰余食赘形。物或恶之，故有道者不处。

二十五章

有物混成，先天地生。寂兮寥兮，独立不改，周行而不殆，可以为天下母。吾不知其名，字之曰道，强为之名曰大。大曰逝，逝曰远，远曰反。故道大，天大，地大，王亦大。域中有四大，而王居其一焉。人法地，地法天，天法道，道法自然。

二十六章

重为轻根，静为躁君。是以圣人终日行不离辎重。虽有荣观，燕处超然。奈何万乘之主，而以身轻天下？轻则失本，躁则失君。

二十七章

善行无辙迹，善言无瑕谪，善数不用筹策，善闭无关楗而不可开，善结无绳约而不可解。是以圣人常善救人，故无弃人；常善救物，故无弃物，是谓袭明。故善人者，不善人之师；不善人者，善人之资。不贵其师，不爱其资，虽智大迷，是谓要妙。

二十八章

知其雄，守其雌，为天下谿。为天下谿，常德不离，复归于婴儿。知其白，守其黑，为天下式。为天下式，常德不忒，复归于无极。知其荣，守其辱，为天下谷。为天下谷，常德乃足，复归于朴。朴散则为器，圣人用之则为官长。故大制不割。

二十九章

将欲取天下而为之，吾见其不得已。天下神器，不可为也。为者败之，执者失之。故物或行或随，或歔或吹，或强或羸，或挫或隳。是以圣人去甚、去奢、去泰。

三十章

以道佐人主者，不以兵强天下。其事好还：师之所处，荆棘生焉；大军之后，必有凶年。善有果而已，不敢以取强。果而勿矜，果而勿伐，果而勿骄，果而不得已，果而勿强。物壮则老，是谓不道，不道早已。

三十一章

夫佳兵者，不祥之器。物或恶之，故有道者不处。君子居则贵左，用兵则贵右。兵者不祥之器，非君子之器，不得已而用之，恬淡为上。胜而不美，而美之者，是乐杀人。夫乐杀人者，则不可以得志于天下矣。吉事尚左，凶事尚右。偏将军居左，上将军居右，言以丧礼处之。杀人之众，以哀悲泣之。战胜，以丧礼处之。

三十二章

道常无名，朴虽小，天下莫能臣也。侯王若能守之，万物将自宾。天地相合以降甘露，民莫之令而自均。始制有名，名亦既有，夫亦将知止，知止可以不殆。譬道之在天下，犹川谷之于江海。

三十三章

知人者智，自知者明。胜人者有力，自胜者强。知足者富，强行者有志，不失其所者久，死而不亡者寿。

三十四章

大道泛兮，其可左右。万物恃之而生而不辞，功成不名有。衣养万物而不为主，常无欲，可名于小。万物归焉而不为主，可名为大。以其终不自为大，故能成其大。

三十五章

执大象，天下往；往而不害，安平太。乐与饵，过客止。道之出口，淡乎其无味。视之不足见，听之不足闻，用之不足既。

三十六章

将欲歙之，必固张之；将欲弱之，必固强之；将欲废之，必固兴之；将欲夺之，必固与之。是谓微明。柔弱胜刚强。鱼不可脱于渊，国之利器不可以示人。

三十七章

道常无为而无不为，侯王若能守之，万物将自化。化而欲作，吾将镇之以无名之朴。无名之朴，夫亦将无欲。不欲以静，天下将自定。

三十八章

上德不德，是以有德。下德不失德，是以无德。上德无为而无以为，下德为之而有以为；上仁为之而无以为，上义为之而有以为，上礼为之而莫之应，则攘臂而扔之。故失道而后德，失德而后仁，失仁而后义，失义而后礼。夫礼者，忠信之薄而乱之首。前识者，道之华而愚之始。是以大丈夫处其厚，不居其薄；处其实，不居其华。故去彼取此。

三十九章

昔之得一者：天得一以清，地得一以宁，神得一以灵，谷得一以盈，万物得一以生，侯王得一以为天下贞。其致之，天无以清将恐裂，地无以宁将恐发，神无以灵将恐歇，谷无以盈将恐竭，万物无以生将恐灭，侯王无以贵高将恐蹶。故贵以贱为本，高以下为基。是以侯王自谓孤、寡、不穀。此非以贱为本邪？非乎。故致数舆无舆。不欲琭琭如玉，珞珞如石。

四十章

反者道之动。弱者道之用。天下万物生于有，有生于无。

四十一章

上士闻道，勤而行之；中士闻道，若存若亡。下士闻道，大笑之，不笑不足以为道。故建言有之：明道若昧，进道若退，夷道若纇。上德若谷，大白若辱，广德若不足，建德若偷，质真若渝。大方无隅，大器晚成，大音希声，大象无形，道隐无名。夫唯道，善贷且成。

四十二章

道生一，一生二，二生三，三生万物。万物负阴而抱阳，冲气以为和。人之所恶，唯孤、寡、不穀，而王公以为称。故物或损之而益，或益之而损。人之所教，我亦教之。强梁者不得其死，吾将以为教父。

四十三章

天下之至柔，驰骋天下之至坚，无有入无间，吾是以知无为之有益。不言之教，无为之益，天下希及之。

四十四章

名与身孰亲？身与货孰多？得与亡孰病？是故甚爱必大费，多藏必厚亡。知足不辱，知止不殆，可以长久。

四十五章

大成若缺，其用不弊。大盈若冲，其用不穷。大直若屈，大巧若拙，大辩若讷。躁胜寒，静胜热，清静为天下正。

四十六章

天下有道，却走马以粪；天下无道，戎马生于郊。祸莫大于不知足，咎莫大于欲得。故知足之足，常足矣。

四十七章

不出户，知天下；不窥牖，见天道。其出弥远，其知弥少。是以圣人不行而知，不见而名，不为而成。

四十八章

为学日益，为道日损。损之又损，以至于无为。无为而无不为。取天下常以无事；及其有事，不足以取天下。

四十九章

圣人无常心，以百姓心为心。善者吾善之，不善者吾亦善之，德善。信者吾信之，不信者吾亦信之，德信。圣人在天下，歙歙，为天下浑其心，〔百姓皆注其耳目，〕圣人皆孩之。

五十章

出生入死。生之徒十有三，死之徒十有三，人之生动之死地，亦十有三。夫何故？以其生生之厚。盖闻善摄生者，陆行不遇兕虎，入军不被甲兵。兕无所投其角，虎无所措其爪，兵无所容其刃。夫何故？以其无死地。

五十一章

道生之，德畜之，物形之，势成之。是以万物莫不尊道而贵德。道之尊，德之贵，夫莫之命而常自然。故道生之，德畜之，长之、育之，亭之、毒之，养之、覆之。生而不有，为而不恃，长而不宰，是谓玄德。

五十二章

天下有始，以为天下母。既得其母，以知其子；既知其子，复守其母，没身不殆。塞其兑，闭其门，终身不勤。开其兑，济其事，终身不救。见小曰明，守柔曰强。用其光，复归其明，无遗身殃，是为习常。

五十三章

使我介然有知，行于大道，唯施是畏。大道甚夷，而民好径。朝甚除，田甚芜，仓甚虚。服文彩，带利剑，厌饮食，财货有余。是谓盗夸，非道也哉！

五十四章

善建者不拔，善抱者不脱，子孙以祭祀不辍。修之于身，其德乃真；修之于家，其德乃余；修之于乡，其德乃长；修之于国，其德乃丰；修之于天下，其德乃普。故以身观身，以家观家，以乡观乡，以国观国，以天下观天下。吾何以知天下然哉？以此。

五十五章

含德之厚，比于赤子。蜂虿虺蛇不螫，猛兽不据，攫鸟不搏。骨弱筋柔而握固，未知牝牡之合而全作，精之至也。终日号而不嗄，和之至也。知和曰常，知常曰明；益生曰祥，心使气曰强。物壮则老，谓之不道，不道早已。

五十六章

知者不言，言者不知。塞其兑，闭其门，挫其锐，解其纷，和其光，同其尘，是谓玄同。故不可得而亲，不可得而疏；不可得而利，不可得而害；不可得而贵，不可得而贱。故为天下贵。

五十七章

以正治国，以奇用兵，以无事取天下。吾何以知其然哉？以此。天下多忌讳，而民弥贫；民多利器，国家滋昏；人多伎巧，奇物滋起；法令滋彰，盗贼多有。故圣人云：我无为而民自化，我好静而民自正，我无事而民自富，我无欲而民自朴。

五十八章

其政闷闷，其民淳淳；其政察察，其民缺缺。祸兮，福之所倚；福兮，祸之所伏。孰知其极？其无正？正复为奇，善复为妖，人之迷，其日固久。是以圣人方而不割，廉而不刿，直而不肆，光而不耀。

五十九章

治人事天，莫若啬。夫唯啬，是谓早服；早服谓之重积德，重积德则无不克，无不克则莫知其极，莫知其极，可以有国。有国之母，可以长久。是谓深根固柢，长生久视之道。

六十章

治大国，若烹小鲜。以道莅天下，其鬼不神。非其鬼不神，其神不伤人。非其神不伤人，圣人亦不伤人。夫两不相伤，故德交归焉。

六十一章

大国者下流，天下之交，天下之牝。牝常以静胜牡，以静为下。故大国以下小国，则取小国；小国以下大国，则取大国。故或下以取，或下而取。大国不过欲兼畜人，小国不过欲入事人。夫两者各得其所欲，大者宜为下。

六十二章

道者万物之奥，善人之宝，不善人之所保。美言可以市，尊行可以加人。人之不善，何弃之有！故立天子，置三公，虽有拱璧以先驷马，不如坐进此道。古之所以贵此道者何？不曰求以得，有罪以免邪？故为天下贵。

六十三章

为无为，事无事，味无味。大小，多少，报怨以德。图难于其易，为大于其细。天下难事必作于易，天下大事必作于细。是以圣人终不为大，故能成其大。夫轻诺必寡信，多易必多难。是以圣人犹难之，故终无难矣。

六十四章

其安易持，其未兆易谋，其脆易泮，其微易散，为之于未有，治之于未乱。合抱之木，生于毫末。九层之台，起于累土。千里之行，始于足下。为者败之，执者失之。是以圣人无为，故无败；无执，故无失。民之从事，常于几成而败之，慎终如始，则无败事。是以圣人欲不欲，不贵难得之货；学不学，复众人之所过；以辅万物之自然，而不敢为。

六十五章

古之善为道者，非以明民，将以愚之。民之难治，以其智多。故以智治国，国之贼。不以智治国，国之福。知此两者，亦稽式；常知稽式，是谓玄德。玄德深矣远矣，与物反矣，然后乃至大顺。

六十六章

江海所以能为百谷王者，以其善下之，故能为百谷王。是以欲上民，必以言下之；欲先民，必以身后之。是以圣人处上而民不重，处前而民不害。是以天下乐推而不厌。以其不争，故天下莫能与之争。

六十七章

天下皆谓我道大，似不肖。夫唯大，故似不肖。若肖，久矣其细也夫。我有三宝，持而保之：一曰慈，二曰俭，三曰不敢为天下先。慈，故能勇；俭，故能广；不敢为天下先，故能成器长。今舍慈且勇，舍俭且广，舍后且先，死矣。夫慈，以战则胜，以守则固。天将救之，以慈卫之。

六十八章

善为士者不武，善战者不怒，善胜敌者不与，善用人者为之下。是谓不争之德，是谓用人之力，是谓配天，古之极。

六十九章

用兵有言：吾不敢为主而为客，不敢进寸而退尺。是谓行无行，攘无臂，扔无敌，执无兵。祸莫大于轻敌，轻敌几丧吾宝。故抗兵相加，哀者胜矣。

七十章

吾言甚易知，甚易行，天下莫能知，莫能行。言有宗，事有君；夫唯无知，是以不我知。知我者希，则我者贵。是以圣人被褐怀玉。

七十一章

知不知，上；不知知，病。夫唯病病，是以不病。圣人不病，以其病病，是以不病。

七十二章

民不畏威，则大威至。无狎其所居，无厌其所生。夫唯不厌，是以不厌。是以圣人自知不自见，自爱不自贵。故去彼取此。

七十三章

勇于敢则杀，勇于不敢则活。此两者，或利或害。天之所恶，孰知其故？是以圣人犹难之。天之道，不争而善胜，不言而善应，不召而自来，绰然而善谋。天网恢恢，疏而不失。

七十四章

民不畏死，奈何以死惧之？若使民常畏死，而为奇者吾得执而杀之，孰敢？常有司杀者杀。夫代司杀者杀，是谓代大匠斫。夫代大匠斫者，希有不伤其手矣。

七十五章

民之饥，以其上食税之多，是以饥。民之难治，以其上之有为，是以难治。民之轻死，以其求生之厚，是以轻死。夫唯无以生为者，是贤于贵生。

七十六章

人之生也柔弱，其死也坚强。万物草木之生也柔脆，其死也枯槁。故坚强者死之徒，柔弱者生之徒。是以兵强则不胜，木强则兵。强大处下，柔弱处上。

七十七章

天之道，其犹张弓与！高者抑之，下者举之；有余者损之，不足者补之。天之道，损有余而补不足；人之道则不然，损不足以奉有余。孰能有余以奉天下？唯有道者。是以圣人为而不恃，功成而不处，其不欲见贤。

七十八章

天下莫柔弱于水，而攻坚强者莫之能胜，其无以易之。弱之胜强，柔之胜刚，天下莫不知，莫能行。是以圣人云：受国之垢，是谓社稷主；受国不祥，是为天下王。正言若反。

七十九章

和大怨，必有余怨，安可以为善？是以圣人执左契，而不责于人。有德司契，无德司彻。天道无亲，常与善人。

八十章

小国寡民。使有什伯之器而不用，使民重死而不远徙。虽有舟舆，无所乘之；虽有甲兵，无所陈之；使人复结绳而用之。甘其食，美其服，安其居，乐其俗。邻国相望，鸡犬之声相闻，民至老死不相往来。

八十一章

信言不美，美言不信。善者不辩，辩者不善。知者不博，博者不知。圣人不积，既以为人己愈有，既以与人己愈多。天之道，利而不害；圣人之道，为而不争。